世界のトップデザインスクールが教える

デザイン思考の授業

佐宗邦威

nbb
日経ビジネス人文庫

未来独創者諸君

もし君が、未踏峰連山世界初登頂を目指すならば、
今すぐ快適温室空間に別れを告げ、
世界で最も過酷な競創空間に身を投ぜよ。

そして徹底的な批判＝建設思考・他流試合／異種格闘技を通して、
3つの知性：哲学・技術・社会的知性を磨け。
戦い抜く3力：出杭力・道程力・造山力を鍛えよ。

佐宗氏の著書が、君の航海第1章の心強い羅針盤となるであろう。
第2章からは、君の「造山力」の強さ次第だ。
航海の幸運を祈る。

石井 裕（MIT Media Lab 教授）

序文

ハイエンドな「デザイン思考」を実践的に、しかも完璧にまとめた本書はビジネスパーソンこそ読むべきだ!!

入山章栄（早稲田大学ビジネススクール教授）

本書は、「デザインとビジネスを繋げる」活動で日本中のデザイン・イノベーション関係者から大いに注目されている佐宗邦威氏による、世界の最前線で実際に進められている「デザイン思考の本質と実践」を、（私の知る限りで）最もわかりやすく、かつ体系的に紹介したものです。デザイン関係者はもとより、「デザイン思考」にちらっとでも興味を持っている全てのビジネスパーソン・起業家が読むことを、強くお薦めします。

私は経営学者という仕事をしています。日本に帰って来たのは7年前の2013年。それまではアメリカで博士課程に5年、その後はニューヨーク州立大学のビジネススクールで助教授を5年務めました。

そして私は、経営学者として教育・研究活動を続ける中で、これからのビジネスに最も必要なことでありながら、最もビジネススクールで教えられていないことが「デザイン思考」だと、確信するようになったのです。

科学的なアプローチを目指す現在の経営学では、還元主義というものが重視されます。

現実のビジネス・経営は複雑で、その「全体像」を科学的に捉えることが非常に難しくなっています。したがって経営学者（＝ビジネススクールの教員）は、対象となるビジネスの事象を絞って、その一部のメカニズムだけを探究しています。顧客行動、財務状態、労務管理、取引先との関係、社内組織の編成……といった事象です。

しかし、ビジネスに求められるのは、そのような細部のメカニズムの理解でしょうか。もちろん、それも重要です。しかしビジネスで最後に行うことは、たった1つの「決断」です。どれだけ細部を分析しても、できる決断は1つなのです。そして現在の経営学には、この1つの決断のために必要な「全体を俯瞰してまとめあげる」ノウハウが、決定的に不足しています。

この希望となりえるのが「デザイン思考」だと、私は考えています。デザインも経営と同じで、どれだけ細かいことを考えても、最後にそれらを纏め上げてできるデザインは1つだからです。そのため、佐宗氏がLESSON5で、敢えて「ビジネスパーソンこそデザイン思考に習熟すべき」と主張することに、私も強く同感します。

実際、本書で書かれていることは、きわめて実践的です。たとえばLESSON2や3に書かれている、デザイン思考のステップの解説は、私もたいへん勉強になりました。しかも、これらは佐宗氏がイリノイ工科大学デザインスクール（以降、ID）時代に米国デザイン教育の先端知見であるとともに、彼自身が日本企業でマーケティング・デザインに携わって得た経験則が加えられ、日本人向けに噛み砕かれています。

そしてもう1つ、LESSON5で「これから求められるのは越境する人材である」という主張が展開されていることも、見逃せません。本書では「H型人間」と呼ばれています。このH型人間の発想は、経営学で「バウンダリー・スパナー」と呼ばれるコンセプトと非常に似ています。経営学の研究では、バウンダリー・スパナーがいる組織ほど成果を上げやすい、といった知見も出てきています。

私の身近でも、たとえばWiL創業者・伊佐山元氏などは、シリコンバレーと東京のビジネスの両者をよく知り、両地域を越境しながら活動する典型的なバウンダリー・スパナー（H型人間）です。たいへん僭越ながら私自身も、海外の経営学の知見と日本のビジネスの橋渡しをするような活動をしているので、ある意味そのはしくれなのかもしれません。

そして佐宗氏も、間違いなくこのバウンダリー・スパナーです。本書にも書かれているように、東京大学で法律を勉強していた佐宗氏は、米大手企業P&Gのマーケティング部門に「越境」し、その後日本の大企業であるソニーに越境しました。さらにIDに留学してデザイン分野に越境し、米国と日本を絶えず越境するようになり、そして今は戦略デザインファームBIOTOPEを設立し「ビジネスとデザインを越境するバウンダリー・スパナー」を日本で増やす活動をしているのです。

このように本書は、日本では極めて希少な「デザインとビジネスを越境するバウンダリー・スパナーの先駆者」が、多くのみなさんにその重要性を知ってもらおうと著したものです。本書を読んで「ビジネスとデザインを越境」しようと試みる方がさらに増えることを、期待してやみません。

はじめに

あなたは、「デザイン思考」という言葉を聞いたことがありますか？

私は、今、至善館という2018年に新設されたMBAと多摩美術大学でデザインのプログラムを教えています。MBAと美大の両方で教鞭を執っているのです。片や、論理や数字のイメージのあるMBA。片やアートやデザインなどのクリエイティブなイメージのある美大。この水と油に思える2つの分野で同時に私が教えているのが、「デザイン思考」なのです。

実は、デザインはスタンフォードやハーバードなどの米国のMBAトップスクールに通う人たちの間で最も人気の高い授業の1つです。「え？　ビジネスマンがデザインなんて、本当に学べるの？」という声が聞こえてきそうですが、ビジネスキャリアの中でデザインを学ぶことは、すでに欧米のトップスクールはもちろん、日本でも最近ではメジャーになりつつあります。

MBAでは論理的思考をベースにした「ビジネスをより効率的にするやり方」を教えるアプローチが取られているのに対し、デザインは今までの延長線上にはない「まったく新しい事業、商品やサービス、プロセス等を創るやり方」を学ぶことができます。

私は、東京大学法学部を卒業し、新卒ではマーケティングで世界的に有名なP&Gでブランドマーケティングに携わりました。もともと、図工や美術はもっとも成績の悪い科目の1つでクリエイティブタイプではまったくなかった私が、今BIOTOPEという戦略デザインファームを起業し、お茶から宇宙まで様々な分野での企業のミッション・ビジョンデザインに関わるなど、イノベーションの構想から実装まで伴走しています。今でこそデザイン・イノベーションの世界で、マッキンゼーやアクセンチュアなどの戦略コンサルに競合し、未来のビジョンやコンセプトを作るような戦略デザインという新しい仕事を作っていますが、正直なところ、十年前は今のような創造的な仕事のプロになれる未来は妄想の域を出ていませんでした。この大きなキャリア転換のきっかけとなったのが、アメリカのデザインスクールに留学したことです。

人生を変えたデザインとの出会い

私は2013年に、ビジネスパーソンが学べるデザイン、「デザイン思考」教育の老舗である、イリノイ工科大学デザインスクール（以下、ID）を修了しました。留学時代、「デザインスクール留学記～ビジネスとデザインの交差点」というブログを書いていたところ、かなり評判になり、多くの企業やアカデミアの人が、ビジネスマンでありながらデザインを本格的に学んでいる私の話を、興味深く読んでくれました。

それもそのはず、この10年はクラウドビジネスやAI／IoTなどの流れの中、世界中の企業が大きな変革を求められ、既存のビジネスを立て直すだけでなく、デジタルの世界における新規事業を創り出す動きがより盛んになっているという背景があったからです。

最初に、私がなぜデザインを学ぶことになったのかの出会いを紹介しましょう。私は、新卒で入社したP&Gではマーケターとしてデータ分析するなど〝MBA的〟なビジネス術を身につけてきました。P&Gのマーケターは今や「P&Gマフィア」という言葉があるくらい各界で活躍されている方が多く、実践を通じて現場で科学的なマーケティング、経営が学べる場所でした。入社後に先輩からは「P&Gで学んだ人はＭＢＡに行く必要はないよ。なぜなら、Ｐ＆ＧはＭＢＡ的な学びを現場で実践して血肉にできる場所だから」と言われていました。

そこで、自分自身にとって運命的な出会いがありました。ごく少数の「ゼロ」から「イチ」を創ることのできる、「ゲームを変えられる」マーケターに出会ったのです。

今、Ｐ＆Ｇマフィアとして知られる、元資生堂のＣＭＯ、現クー・マーケティング・カンパニー代表取締役の音部大輔さんや、吉野家の常務伊東正明さん、日本コカ・コーラのＣＭＯの和佐高志さんなどは、当時から価値が落ちているブランドを再定義（つまり立て直し）したり、まったく新しいコンセプトを構想し、ブランドを立ち上げるのが得意なマーケターとして有名でした。

でも、私にはそれができませんでした。論理と分析が得意な私は、既存ブランドを着実に運用し売り上げを倍増させることはできても、どう頑張ってみても、ゼロからイチを創るための発想はできませんでした。ゼロからイチを創り出すような創造の世界への「旅」は、ここから始まりました。

日本では、デザインというとクリエーターやアーティストのイメージがあり、大多数のビジネスパーソンにとっては身近なものではないように思います。

英語では、デザインという言葉は「設計＝創り出す」という意味を含んでいます。一見明確ではない課題を発見し、創造的に解決する方法論として、マッキンゼー等の戦略コンサルティングの方法論と同様に考えられています。私の経験上、多くのビジネスマンにとってとっつきにくい「デザイン」や新たなる価値を生み出す方法論は、実は誰にでも学べるように体系化されたものであり、学び取ることができるものです。

デザインの世界には、ビジネスマンが日々の仕事の中で新たな価値を創るためのノウハウがたくさん存在しています。それは必ずしも、既存のビジネスのやり方と矛盾するものではありません。使い分けられるものです。

そして、この5年の経験上、ビジネスの現場で論理能力を鍛えた上で、デザインを本格的に学んだ人は、独自の切り口で構想し、それを企業や社会の中で実装に落とし込める「違いを作れる」人材、となる近道ではないかと思っています。コロナ禍で閉塞感の漂う今日、少しでも多くの人が、自ら価値を生み出せることは、日本の未来を、少しでも明るくする上で大事なことではないかと思います。

本書では、デザイン的かつ創造的な思考が苦手だった私が、創造という新大陸を冒険するかのようにデザインスクールで学んできた内容を紹介し、追体験していただくことで、有形無形の社会課題を自らの手を動かすことで創造的に解決していくことのできるビジネスリーダーになるための授業がコンセプトです。

本書の授業は合計8つの授業から成ります。


LESSON0は、概論で、デザイン思考が今、世界中で必要になっている背景について紹介します。

LESSON1は、思考法です。新たな切り口を発想し、シンプルに統合するデザイナーの思考法について学びます。

LESSON2は、マインドセットです。手を動かして形にして考えるプロトタイピングは、作り手の魂のようなものです。

LESSON3は、プロセスです。ユーザーへの共感から始め、新たな解決策を発想、プロトタイプするまでの創造的問題解決のステップを具体的に紹介します。

LESSON4は、ツールと環境です。あなたの頭を創造モードにするためには、日々使う文房具やオフィス、部屋の環境が大きな役割を果たします。創造モードへの切り替え方についてご紹介します。

LESSON5は、キャリアです。ビジネスとデザインの距離が縮まっている中、価値を生み出していく創造型のビジネスキャリアの地図と、作り方についてご紹介します。

　LESSON6は、経営戦略です。デザイン思考を、会社のイノベーション力を高める経営戦略として活用する上での事例や大事な考え方についてご紹介します。

　最終章、LESSON7は、幸福がテーマです。デザイン思考は、ビジネスにおいて使える以上に、不確実な時代を生き抜いていく上で、毎日に彩りを与えてくれるものだと思います。


　初心者の私がゼロから学んだ海外のトップデザインスクールの授業の内容をご紹介することで、どのようにデザイン思考を学び・実践するのかをイメージできる、自宅で気軽に受けられるデザインスクールの授業のようになれたらと思っています。

　この本を通じて、多くのビジネスパーソンや起業家の方が、答えのない21世紀を切り開くビジネスリーダーとして生きていくヒントを得られたら、それ以上に光栄なことはありません。

あなたのデザイン思考実践度

Q：以下の質問の中で、あなたの職場での仕事のスタイルにあてはまっているものに「✓」をつけて下さい

		質問	✓
思考法	1	日々の情報収集で、テキストだけではなく、写真などのビジュアル情報も収集している	
	2	何かの課題について考える際、できるだけ現場に行って感じるようにしている	
	3	日々収集した情報を、メモしたりプリントアウトするなどして、記録している	
	4	全然違うものを掛け算したら何ができるか？　と考える	
	5	一見関係ないとされているもの同士に共通点を見つけようとする	
	6	今のゲームのルールを壊したらどうなるだろうか？　と考える	
	7	集めた多くの情報を単純化して、1枚のスライドや概念図でまとめて表現する	
	8	新たな企画をプレゼンテーションする際、ユーザー目線の物語を語っている	
	9	新たな企画を知らない人に説明するためにわかりやすい比喩などを用いる	
マインドセット	10	日々、ノートや紙を持ち歩き、思いついたことは手書きでメモを取っている	
	11	日々メモをする際に、ポンチ絵やフローチャートなどの図でまとめるようにしている	
	12	議論をする際には、具体的なアウトプットイメージを作った上で、議論をすることが多い	
	13	1週間程度の短い期間で切って、その期間内にできる範囲でアウトプットの精度を上げていく	
	14	作ったものはラフなものでも人に見せて、反応を聞いている	
	15	アイデアは周りに見せた反応次第で、大胆に壊して作り直すことを厭わない	

LESSON 1
思考法

LESSON 2
マインドセット

分類	No.	項目
プロセス	16	新しいプロジェクトを始める際、チームが解決すべきユーザーの課題を言語化している
	17	新しいプロジェクトを始める際、自分たちが社会に対してどう貢献すべきかを意識している
	18	お宅訪問などユーザーを観察したりインタビューしたりすることで生の課題を把握している
	19	インタビューを企画する際、気軽に職場の身近な人を対象に始める
	20	インタビューを終えた後、すぐにチーム内で生のログを見直し、新しい発見を記録している
	21	リサーチステージでの主な学びや写真を物理的にプリントアウトして見える化している
	22	学んだ気づきを統合して、コンセプトを1枚のイラストや、キャッチフレーズでまとめている
	23	アイデア出しの際に、生のユーザーから発見した課題をもとにアイデア出しをしている
	24	特定の商品アイデアに限らず、ユーザーが経験する体験全体を対象にアイデア出しをしている
	25	アイデア出しの際にビジネスモデル全体像についても考えている
	26	出したアイデアについては、1週間以内に作成できるレベルの簡易プロトタイプを作っている
ツール	27	チームで議論するときはポスト・イットにアイデアや要点を書き留める
	28	切り取りしやすいスケッチブックやノートを持ち歩いている
	29	チームでの議論の際には、ホワイトボードや模造紙を活用する
環境	30	デザイン、エンジニア、企画などの多様なメンバーでチームを構成して仕事をしている
	31	新たなことにチャレンジしたのであれば、失敗しても許してくれる雰囲気が職場にある
	32	いろいろな部署の人と議論をして仕事を進めていく
	33	職場を超えた人の繋がりで仕事を進めていく

LESSON 3
プロセス

LESSON 4
ツールと環境

CONTENTS

序文 5
はじめに 9
あなたのデザイン思考実践度 16

LESSON 0：はじめに

答えのない時代の必修科目 デザイン

ホワイトカラーを取り巻く世界的な潮流 26
創造性を誰でも学べるようにした「デザイン思考」 33
マーケターがなぜデザインスクールに行ったのか？ 39
column IDとデザイン思考の歴史 50

LESSON 1：思考法

デザイナーから学ぶ新たな切り口の作り方

デザイナーから学ぶ知的生産性を高めるノウハウ 54
インプット：ビジュアルを集め、ビジュアルで考える 55
ジャンプ：発想を飛躍させる 64
アウトプット：
シンプルに感情に訴えかける体験デザインを行う 75

デザイン思考を成り立たせる前提 86
EXERCISE ビジュアルシンキング 90
column IDのプログラム概要 92

プロトタイピングメソッド

議論するのではなく手を動かして考える 98
プロトタイプに使えるツール 105
不完全を受け入れ、カオスな状態を楽しむ 114
EXERCISE アイデアスケッチ 116
column 日本企業に実はあったデザイン思考 120

創造的問題解決の羅針盤

より良い生活を実現するための課題を解決し作る 124
羅針盤としてのデザイン思考プロセス 126
デザイン思考プロセスに存在する4つのモード 135
課題特定のための初期リサーチ 144

デザインリサーチ 152
分析 159
統合 164
統合作業で使えるメソッドやフレームワーク 172
プロトタイピング 176
P&Gで学んだ顧客目線のマーケティングとの違い 180
デザイン思考でプロジェクトを進めるツボ 183
EXERCISE ユーザーインタビュー 189
column リサーチの必修授業 ユーザー観察 194

LESSON 4：ツールと環境

創造モードへのスイッチ

創りだすモードへのスイッチ 198
ツールを使って知的生産性を高める 208
クリエイティビティに対する投資としての環境づくり 211
チームをクリエイティブにするために必要な環境整備 221
EXERCISE ポンチ絵でノートをとるビジュアルノート 224
column 日本人とデザイン思考 228

LESSON 5：キャリア

デザインというビジネス・キャリア

ビジネスマンにとってのデザインスクールという選択肢 234
忙しい日常の中でデザイン思考を実践するコツ 243
組織の中でデザイン思考を実践しやすい環境をつくるヒント 246
越境人材という道 250
イノベーションの世界におけるキャリア・パス 258
ビジネスとデザインの交差点で受け入れなければいけないこと 272
EXERCISE あなたのチーム構成のデザイン思考度チェック 278
column 日本はデザイン思考の後進国？ 281

LESSON 6：経営戦略

デザインと経営

企業におけるデザイン思考の潮流 284
デザイン思考を組織改革に活用する3つの方法 300
全社にデザイン思考を活用するための5つの戦略 302

LESSON 7：幸福

デザイン思考は幸せに生きるためのライフスキル

自分なりにクリエイティビティを発揮して生きる 306
右脳で感じると幸せな気分になれる 311
右脳モードへの道しるべ 314

対談（×山口 周）

ビジネスがクリエイティブになるために、デザインすべき領域は？

日本企業のモノづくりにおける問題点とデザイン思考 324
リーダーシップとデザイン思考の関係 328
デザイン思考とマーケティングの違い 333
DXとデザイン思考 335
結びに代えて──DX時代に活躍する人材像 338

おわりに 343

LESSON 0：はじめに

答えのない時代の必修科目　デザイン

2011年度にアメリカの小学校に入学した
子供たちの65%は、
大学卒業時に今は存在していない職業に就くだろう

キャシー・デビッドソン
（ニューヨーク市立大学大学院センター教授）

ホワイトカラーを取り巻く世界的な潮流

なぜ、今の時代に「デザイン思考」に注目が集まっているのか、世界的な流れをご紹介しておきたいと思います。まず、最初に左のグラフをご覧ください。これはグーグルトレンドで、2004年から現在までのグーグルにおける検索数の変化を示したものです。Critical thinking（クリティカル思考）と Design thinking（デザイン思考）を比較した時、過去16年間一貫してデザイン思考は伸び続けており、ついにはクリティカル思考に肉薄するようになっています。

アメリカの伝統的な美大パーソンズがまとめた調査によると、次の結果が出ています。

- 75%の組織が何かしらデザイン思考に携わっている
- 71%の組織がチームで働くという視点でパフォーマンスが上がったと答えている
- デザインドリブンの会社は株価の伸びがそうではない会社より219%高い

“Critical thinking” と “Design thinking” のGoogle検索数の推移（2004〜2020年）

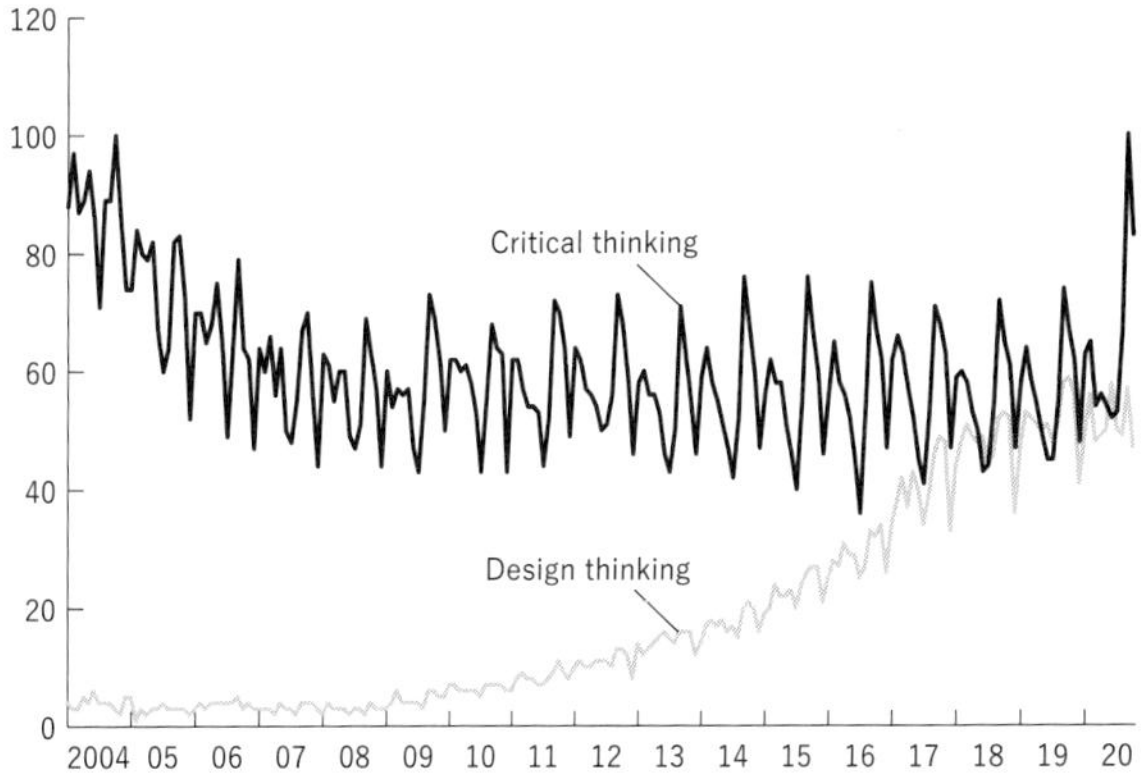

グローバルビジネスの現場ではイノベーションやチームのクリエイティビティが求められ、デザイン思考は必須科目となりつつあります。

この流れは、日本においても例外ではありません。『日経デザイン』の「デザイン思考の次」という企画によると、日本では、デザイン思考の認知率は、50％で、実践したり取り組みを始めた会社は15％だといいます。私が2015年に『21世紀のビジネスにデザイン思考が必要な理由』を出版した当初は、デザイン思考は一部の大企業のR＆Dや、デザイン、新規事業担当の中での共通言語でした。しかし、今デジタルトランスフォーメーション（DX）が広がる中で、デジタル時代に知的生産を生業とするホワイトカラーの人材にとって、デザイン思考によって学べる創造的問題解決力は必須の力になっています。

これはなぜ起こるのでしょうか？　世界的に重要な潮流を4つ挙げておきたいと思います。

潮流1：先進国型グローバル企業のビジネスに求められるイノベーション

日本をはじめとした先進国では、社会が成熟するに従って、企業は非連続なイノベーションを生み出し続け、生き残りを図らねばならない事態に直面しています。新興国の財閥や巨大ベンチャーとの競争も激化し、既存の企業は収益モデルの大胆な転換を求められています。

「目の前で本業が消えていく」「新たな新規事業を作らないと生き残れない」。そんな会話が会社内で飛び交う機会も増えているように感じられます。

同様にホワイトカラーの労働者も、新興国の安く優秀な労働力との競争に直面しています。そのような労働力と同じ土俵で戦っていては、給料は下がっていく一方です。それに対しては、自分たちにしかできない新たな価値を創りだし、独自のポジションを作っていくのが唯一生き残る道なのです。

かつての日本では、R&D部門による技術主導でイノベーションを生み、新たな価値を創りだしていくという「技術革新神話」がありました。しかしこれからの時代は、先進国にある技術や文化、ブランド資源をうまく活用し、オリジナルな価値を創りだすことが、成熟化した日本において世界に向けた価値創造をしうる唯一の道です。

潮流2：1億総クリエーターとなれるインフラの整備

インターネットとスマートフォン、ソーシャルネットワーク（SNS）の出現は、社会の構造を完全に変えてしまいました。創作活動や表現活動といえば、これまでは一部の人にしかできませんでしたが、スマートフォンとパソコンさえあれば、誰にでもできるようになっています。Facebook のユーザー数は全世界で27億人（2020年第2四半期時点）、画像共有SNSの Instagram のユーザー数も8億人に達しています。

たとえば、スマートフォンで写真を撮り、Instagram や Facebook で繋がっている

BIOTOPEの池尻大橋にある新オフィス。この会議室を兼ねた本棚はデジタルファブリケーションで作られた。　（写真: Taku Kasuya）

友人たちに共有することも、「いいね！」をたくさんもらえるように構図を工夫したり写真を加工するのも、創造力を日々発揮する一歩でしょう。

個人がウェブサイトを立ち上げ、SNSのコミュニティを活用し、マーケティングを行って生計を立てることも当たり前の時代になりました。

最近では、YouTuberが子どもの将来なりたい職業ランキングで上位にくるようになり、コロナ禍でこの動きは加速しています。Instagramは、ライブ配信に投げ銭によって課金ができるようになりました。私はオンライン動画教材のプラットフォームUdemyでオンライン講座を配信するようにもなりました。

この変化はスクリーンの中にとどまりません。３Ｄプリンターやレーザー CNC（工作機器）をはじめとするデスクトップファブリケーションが汎用化し、誰もが自分の生活に必要なものをデザインして作れる時代になります。実際、ＢＩＯＴＯＰＥが池尻大橋に作った新オフィスは、気鋭の建築集団ＶＵＩＬＤの力を借りてShopBotという木材カット・加工をできるデジタルファブリケーションツールを使って格安でオリジナルにデザインしたものになります。今や、オフィスのインテリアも自作できる時代になっています。

自分の創造力を活用して、日々の自分の生活をデザインし、やる気になれば商売をしていくことも可能になります。一個人が日々の生活の中でプチクリエーターになることも可能ですし、それを通じて副業をしたり生計を立てることも一般的になっていくでしょう。

潮流３：機械と人間の仕事の奪い合い

ディープラーニングをはじめとする人工知能は、今後20年でめざましく発達し、それに伴って、これまで人間が行っていた仕事が機械に代替されることが予想されています。

オックスフォード大学のオズボーン教授によって発表された「コンピューターの進化によって消える職業調査」によると、代替されにくい職業としては、次の2つが挙げられています。

1　ヘルスケアやラーニング、心理学などの人との「深い」コミュニケーションに関わる仕事
2　デザインやエンジニアリング、経営などの「創造」や「意思決定」に関する仕事

「分析」のような仕事は、人工知能が進化し、様々なデータを分析してパターンを理解し、それをもとにより効率的な答えを出すことができるようになるため、代替される可能性が高いスキルに分類されています。

一方で、機械が分析した内容をもとに新たな解決策を作りだし意思決定することは、依然として人間の能力に頼ることになるでしょう。

潮流4：自分らしい幸せを求める「足るを知る時代」へ

社会が成熟した先進国において、人々が求める価値が、物質的な満足から精神的な満足へと変化する潮流があります。

2050年には、世界の人口は97億人に達することが予想されています。限られた資源を今までの倍の人に行き渡らせることが人類の課題となる21世紀は、「自分らしい足るを知る時代」になっていくのではないかと考えられます。

日々、創造力を発揮するようになると、幸福感が増すということは、私が留学を通じて学び実感してきたことでもあります。一人ひとりが、自分の生活スタイル自体をデザインし、自分の好みや天性に合った生活を送ることで幸福感を持つこと。そのためのスキルとして、「創造力を発揮させる力」が重要になっていきます。

創造性を誰でも学べるようにした「デザイン思考」

このデザイン思考を社会に普及させたのは米デザインファームのＩＤＥＯです。同社会長、ティム・ブラウン氏は、著書『デザイン思考が世界を変える』（早川書房）

の中で、デザイン思考を「デザイナーのツールキットによって人々のニーズ、テクノロジーの可能性、そして、ビジネスの成功という3つを統合する人間中心のイノベーションに対するアプローチ」と定義しています。その代表的なプロセスは、IDEOの創業者、デイヴィッド・ケリー氏、トム・ケリー氏によってフレームワーク化された有名な以下の5つのステップです。

1 共感
2 課題設定
3 アイデア発想
4 プロトタイピング
5 検証

これは、いわばクリエイティブ初心者が最初に学ぶ創造の型のようなものです。

この5ステップの要素を分解すると、1．ユーザーへの共感から企画のプロセスを始め（ユーザー中心）、2．ユーザーがどのような体験をするかを五感を使って発想し（ビジュアル思考）、3．具体化していく（プロトタイピング）手法であり、デザイン（構想）、エンジニアリング（設計）、ビジネス（商売）という3つの分野の共創によって実行していく方法論です。

実は、歴史を振り返ってみると、デザイン思考という考え方は、彼らのオリジナルではありません。

もともとは、建築家のピーター・ロウが、1960年代に著書『Design Thinking』（邦訳は『デザインの思考過程』鹿島出版会）で建築家による創造的問題解決の方法を形式知化したことから始まります。ロウは、これまでブラックボックスだったクリエイティブなプロセスの見える化を試みました。クリエイティブなプロセスというブラックボックスを、できるだけ見える化・研究した取り組みに起源を持つ、天才研究の系譜を引いたものから始まりました。

そのアイデアを、西海岸のスタンフォードエンジニアリングスクールが引き継ぎ、エンジニアが既存の枠組みや常識を超えた非連続的思考を手に入れるための手法に発展させたのが、ビジュアルで解決策を考える「Visual thinking（ビジュアル思考）」です。

ハードウェアの設計で非連続的な問題解決をするため、手を動かして絵で考えていく創造的な問題解決力を教えることを意図したものでした。

さらに１９８０年代には、このビジュアル思考に、ユーザーの視点を取り入れる動きが出てきます。パーソナルコンピューターの研究が進む中で、ドン・ノーマンが考案した「User centered design（ユーザー中心デザイン）」の一環で、ユーザーの行動を観察する手法が加わりました。

ＩＤＥＯが体系化したデザイン思考は、ユーザー中心デザインとビジュアル思考を統合した方法だったのです

この方法論は、スタンフォードデザインスクールで、デザイン専攻ではない様々な分野の学生が共創する方法論として伝わり、そして世界中に広がっていきました。トム・ケリーとデヴィッド・ケリーの名作『クリエイティブ・マインドセット』では、

イノベーションを担う3つの輪

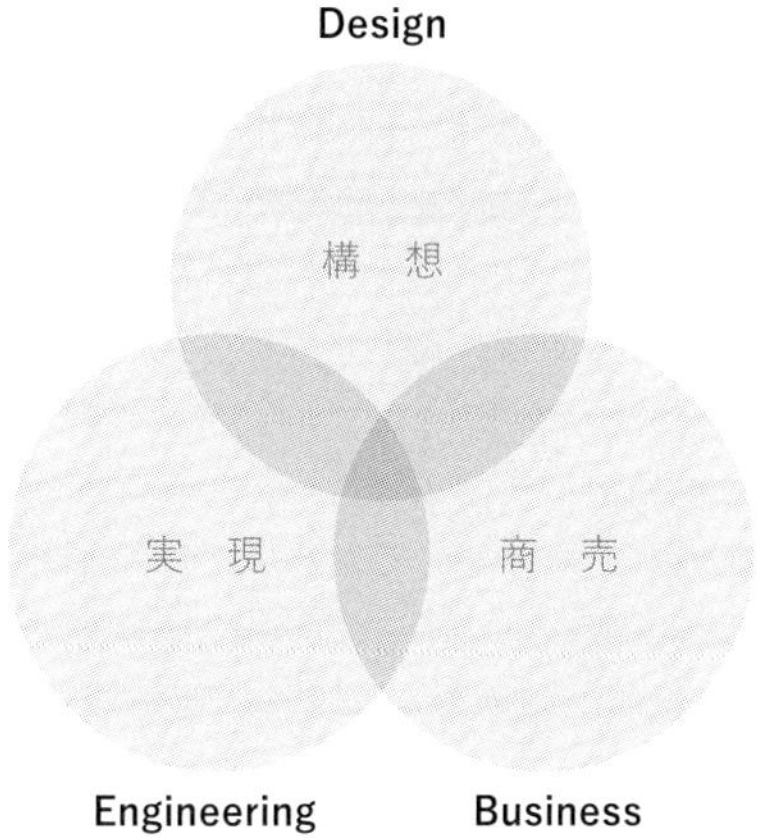

（出典：IDEO Human centered designに筆者が加筆）

デザイン思考とは、「創造性に対する恐れを取るためのガイド」として紹介されており、誰もが持つ創造性を誰でも活用できるようにした創造性の民主化を起こしたイノベーションと言えるでしょう。

イノベーションを担う3つの輪の融合

デザイン思考の基本的な考え方は、「イノベーションを担う3つの輪」です。「デザイン、ビジネス、エンジニアリングの3つの要素が協働することでイノベーションを生み出すことができる」というものです。

1　構想：人間にとって望ましい

姿を構想する＝デザインの役割
2　実現：再現性をもって実現することを可能にする＝エンジニアリングの役割
3　商売：社会にとって影響力を広げていく商売の仕組みをつくる＝ビジネスの役割

私が通ったIDでも、デザイナーやエンジニア、マーケター、リサーチャーなどの背景の違うメンバーがともに学び、ともに働きながらイノベーションプロジェクトを進めていました。

デザイナーは戦略を学び、ビジネスパーソンやエンジニアはデザインを学ぶことで、差別化した価値を創り出すために必要な、複数の思考スタイルができる「ハイブリッド人材」になっていくことができます。

デザインもエンジニアリングも、私にとっては経験が少ない分野でしたが、ビジネスという得意分野を持っていることで、このようなプログラムにも馴染んでいくことができました。

マーケターがなぜデザインスクールに行ったのか？

論理を武器にブランドマーケティングの仕事をしていた私が、なぜデザインを学ぼうと思ったのかのストーリーを紹介することで、21世紀のビジネスにデザイン思考が必要な理由を説明したいと思います。

大学卒業後に入社したP&Gでは、あらゆる会話が「結論とその理由」を論理的に説明して人を説得する、という作法のもとに過ごさねばなりませんでした。入社1年目から徹底的に消費者データを分析し尽くした上で戦略を立て、経営陣を説得するといったMBA流の〝ブランドの経営者〟としてのマーケティング力を鍛えられました。

当時の私のように若い人間がリーダーシップを取るためには、誰にでも納得してもらえる武器として、データ分析力と論理的思考力がとても有効でした。

さて、この時期のP&Gは、ビジネスを立て直し、イノベーション文化を組織に植え付けたことで有名なA・G・ラフリーがCEOに就任しており、組織で働く人間の必須スキルとして、論理的思考力と戦略的思考力に加えられたのが「コラボレーション力」でした。

コラボレーションとは、日本語では協働という意味になります。商品開発のプロジェクトを立ち上げる際には、マーケティング部門だけではなく、R&Dやリサーチ部門、デザイン部門などと一緒に作りあげていくことが義務づけられるようになったのです。

特に、デザイン部門の関与は大きな変化をもたらしました。言葉で表現される商品コンセプトだけではなく、商品の醸し出す世界観をイメージで表現するデザインテーマをチームで共有する仕組みが導入された結果、コンセプトとパッケージ、テレビCMの世界観が一気に連動するようになりました。

P&Gで成功していく人のステレオタイプといえば、自分の意見をひたすら押し出していく学級委員的な強いリーダーシップの持ち主でしたが、この変化はリーダーシップの質も変化することを意味していました。そういった強いリーダーシップを取ることが苦手な私にとっては渡りに船だったと同時に、チームと協働してイノベーションプロジェクトを進めていく働き方に非常に可能性を感じました。後から思えば、これが最初の「デザイン思考」との出合いでした（後日談ですが、IDに留学した際に

IDがP&Gのこの当時の幹部研修を実施していたそうです。実はこの時、間接的にデザイン思考と出合っていたのです)。

論理的に「直感」を判断できるのか？

P&Gのマーケティングの大きな役割の1つに、広告づくりがあります。広告代理店から提案される様々な広告のアイデアの中から、製品の戦略に合致し、かつ人の心を動かす案を選んでいきます。この広告を選ぶトレーニングの方法論も確立しているのですが、その根本的な思想には、「直感を信じる」というものがあります。いろいろ理由を考える前に好きか嫌いかを一瞬で判断し、それを論理的に説明するための文法を提供するトレーニングです。

私はこれが非常に苦手でした。論理的に考えても「好き」「嫌い」がわからないのです。つい「A案にはこんなメリットがあるけれど、B案にはこんなメリットもあるな」と考えると、「私の好きなのはこれ！」と言うことができません。本当にこれでいいのかと不安を感じながら、上司にコメントを評価されていると思うと、どうしても自分の好き嫌いという「客観的ではないこと」を言うことに怖さが出てしまいます。

この苦手意識が払拭されたのは、広告代理店のクリエイティブディレクターと直接議論をするようになってからでした。綺麗なコメントではなく、クライアントが大事にしていることや背景を伝えられればいいと理解してからです。好き嫌いの世界では、完全に明確ではないことを共有することに泥臭く時間をかけることが大事だと学ぶ良いきっかけになりました。

これは、論理が支配する所謂「左脳モード」を、直感とイメージの所謂「右脳モード」へ切り替えるということとの出合いだったように思います。以前の私には、右脳モードへの切り替えのスイッチがどこにあるかもまったくわかりませんでした。

論理絶対路線の限界と、「右脳の世界」への模索

P&Gには、売り上げやシェアが落ちている商品をV字回復させたり、市場のルールを変える画期的なブランドを立ち上げるなど「違いを作りだす」ことができるマーケターと、会社や上司に与えられた仕事を着実に伸ばしていくタイプのマーケターがいます。

前者のタイプのマーケターには、後者のタイプの私とは圧倒的に違う何かがあると感じるようになりました。彼らはただ頭がいいだけではなく、人と違う未来を構想し

ているようなのです。ただ、ファブリーズのブランドを立ち上げた精鋭チームのマーケターは、センスがよい提案ができる一方で、いつアイデアが降りてくるかはわからないとは言っていましたが……。

こうした2つのタイプに分かれてしまう理由が当時はわかりませんでしたが、今ではクリエイティブな発想ができる人と論理的な思考をする人の頭の使い方の違いであると考えています。

私は、既存のビジネスを回すだけでなく、市場のルールを変えてしまうようなイノベーションを起こせる一流のマーケターになりたいと思うようになり、模索し始めました。

創造力の世界との出合い

そんな問題意識を持っていたとき、『ハイ・コンセプト』（ダニエル・ピンク著、大前研一編訳、三笠書房、2006）という本に出会いました。

21世紀を知的労働者の時代と呼び、「新しいことを考え出す人の時代」における「6つの感性」として、デザイン、共感、物語、遊び心、全体の調和、意義が挙げられていたのです。

新しいことを考え出す「6つの感性」

（出典：『ハイ・コンセプト』より筆者改変）

イノベーションを起こせる人材になるために必要な要素はこれだ！　とピンときました。そして、このようなセンスを磨くことをテーマに、コーチングや即興劇など様々な試行錯誤をしてみることにしました。

特に印象的だったのは、『脳の右側で描け』（ベティ・エドワーズ 著、野中邦子 訳、河出書房新社、2013［第4版］）という本との出会いでした。本書では、絵を描けないのは才能がないからではなく、右脳モードでものを見ていないからだと説明されています。

右脳モードでものを見れば誰でも絵が描けるようになるとのことだったの

「右脳で描く」ワークショップ前後の筆者自画像のレベルの差

で、ワークショップにも参加しました。このときに、「右脳でモノを見ること」を体感できたことで、右脳の使い方も左脳と同様にトレーニングできるのだ、という仮説を持つに至りました。

論より証拠として、上の図は5日間のワークショップの前後での自画像の変化です。

これだけの絵の違いが、「ものの見方のモードを変える」だけで生まれてくるのです。ワークショップでは、ピカソの絵を上下逆さまにして写し取る練習をすることで、それを有名な絵としてではなく、意味のない単なる線の集まりとして「ありのままに」見ることを練習しました。これが右脳モードに切り替えるためのスイッチだというのです。日々当たり前に見ている街の木々に対しても、改めて細部の微妙な色や光の陰影の違いに目を向けたものの見方を意識することで、左脳モードから右脳モードへの切り替えができるのです。

大企業でのデザイン思考やコラボレーションの必要性

やがて入ったソニーでは、グローバル市場調査チームの立ち上げや全社的な商品開発のプロセスデザインに携わりました。

前職で実践してきた顧客目線をもとにした商品作りのノウハウが生きると思っていましたが、消費財と電気製品というカテゴリーの違いもあり、同じプロセスでは対応できないということがわかってきました。一方で、新しいものを創りたいとうずうずしているエンジニアは想像していたよりも多く、そのエネルギーは火山が噴火する直前のマグマのようにうごめいていることも感じられました。ソニーには、作品を世に出し価値を問いたい、というクリエーター的な気質の人が多かったのです。また、「顧客の声は聞くな」という創業者の言葉も印象的でした。目の前に現れているニーズを満たすための顧客視点のマーケティングから、まだ現れていない潜在的なニーズを読み形にしてみせる、という違ったノウハウの必要性を感じたのです。

また、組織構造も大きく異なっており、製品づくりに関わるメンバーは前職の10倍以上であることもザラでした。部門間の立場の違いもある中でまだ見えていない価値をめがけて、製品の方向性を統一させていくことの難しさも感じました。立場の違う人たちが現場を理解しつつ新たな価値を創り出すために欠けているピースは何か？という問いかけを常にするようになりました。

そんな中、顧客理解と、研究所、商品企画、デザインを融合した商品開発の方法論としてデザイン思考と出合い、本格的に学ぶ道を探すようになっていきました。

いろいろな大学院の選択肢

しかしながら、デザイナーとしての教育を受けたことがない自分に合う大学院を探すことは困難を極めました。

そんなとき、「ビジネスマンがデザイン思考を本格的に学べる大学院ってないかな？」と、Twitter でつぶやいたところ、当時ＩＤに留学されていた（現在、博報堂）岩嵜博論氏からご連絡をいただき、留学が現実的な目標に変わります。

ＭＢＡとは違い、デザイン学部への留学の情報は非常に限られています。岩嵜氏も同様に、大変苦労して留学先を調べられたということでした。

海外においても、ほとんどの美大はデザイナーやアーティストの養成所としての色合いが強く、ビジネス×デザイン、アートなどの分野があったとしても、カリキュラムにおける扱いがまちまちです。

私の場合は、「ノンデザイナーでも受けることが可能」「ビジネスとデザインの融合」という条件で絞った結果、IDとカーネギーメロン大学を最終候補に据えて、受験勉強を始めました。

キャンパス訪問をした結果、IDはデザイナー向けの大学院で、デザインの基本スキルもある程度求められる一方、エンジニアやマーケター、リサーチャーなどビジネスサイドの学生も半数近くいるということがわかりました。ビジネスにおけるデザインをしっかり学ぶことに優先順位を置き、IDへの入学を決めたのです。

飛び出す勇気

ビジネスマンがデザインスクールで学ぶというキャリアの選択肢は、現状は日本にはほとんど存在していないでしょう。

絵心がなく、小学校から高校までの美術の授業もどちらかというと苦手な部類だった自分にとって、デザインの世界に飛び込むのはとても勇気がいることでした。

また、「デザインの大学院に行きたいと思っている」と話をすると、大多数の反応は「へえ、変わってるね……」というもので、中には「おまえ、30にもなってデザイナーになるつもりなの？　大丈夫？」とか「その後のキャリアどうするの？」といった反応をされることもありました。

これは、多少市民権を得てきたとはいえまだまだ少数派の、デザインスクールに行くことにした友人が共通して受ける反応のようです。

特に日本の社会の中における、「出る杭は打たれる」雰囲気や、「クリエイティブってかっこつけてる」という見られ方との闘いは留学中もずっと続きました。

自分がデザイナーだとかクリエイティブだと言うことは、とても勇気がいることです。ましてや、経験も実績もない中でそれを信じることなんてとてもできない、そんな大きな不安を抱えながら留学生活はスタートしました。では、ここからは、元々はクリエイティブタイプではなかった私が、アメリカのデザインスクールで学んだデザイン思考の学び方についてご紹介していきましょう。

column

IDとデザイン思考の歴史

私が留学したIDは、1937年に設立され、アメリカでは最も老舗のデザイン思考を教える教育機関です。デザインの博士課程をアメリカで初めて設立した、デザイン思考メソッドのパイオニアでもあります。今は、130名の修士と10名の博士の学生が在籍しています。

実は、デザイン教育の歴史とIDには密接な関係があります。

デザインは、古くはアルタミラの壁画にも見られるように、原始時代から現代に至るまで人同士のコミュニケーション手段の1つとして成長してきました。ルーブル美術館などで見られるような絵画も、元来は、視覚を使ったコミュニケーションの手段（今でいう新聞や雑誌などのメディア）として発達してきたものです。

今でも、デザインというと、視覚表現をするグラフィックデザインや、思想を表現したり問いかけるアートのイメージを持たれる方が多いのは、それがデザインの成り立ち上、最も根本的な役割であったからです。

しかし、その流れが変わったのは産業革命からです。19世紀の後半に産業革命が起こって以来、今まで職人が一つひとつ手作りでつくっていたモノは、全て規格大量生産に変わりました。そして、機能的で効率的ではあっても、美しくないモノが大量に出回るようになったのです。

それに対するアンチテーゼを唱えたのが、第一次大戦後にドイツでできた造形学校のバウハウスです。バウハウスは、商品機能を合理的に設計するエンジニアリングと、美的に伝えるアートを融合することで、産業革命後世界に溢れた機能的だけれど醜悪なデザインの商品とは違うモノをつくろう、というムーブメントを起こしました。その根本思想は、それまでの「つくれる商品をつくる」ではなく、ユーザーである「人間を中心に据えた使いやすく美しい」デザインにして大量生産するというもので、バウハウスは産業界における「アートとテクノロジーの融合」を志した教育機関だったのです。

このバウハウスは、当時世界中のデザイン教育に大きな影響を与え

column

ましたが、ナチスドイツの台頭によって、わずか10年あまりで閉鎖されてしまいました。

しかし、バウハウスのメンバーの1人であるモホリ・ナギがシカゴに招聘され、「ニュー・バウハウス」としてデザインの教育機関を1937年にアメリカに設立しました。これが現在のIDの礎をなすもので、「人間中心デザイン」「アートとテクノロジーの融合」「ユーザー中心デザイン」など、大変長い歴史のある教育機関なのです。

ちなみに、d.schoolが設立された際には、IDのプログラムが大いに参考にされたそうです。

LESSON 1：思考法

デザイナーから学ぶ新たな切り口の作り方

これからは、創意や共感、そして、総括的展望を持つことによって社会や経済が築かれる時代、すなわちコンセプトの時代になる。（中略）そして、かつては軽視され、取るに足らないものだとみなされた能力、つまり創作力や共感、喜び、意義といった「右脳的」な特質が、これからの世の中で大きく飛躍できるか、もがき苦しむことになるかを決める重要な要素になってくる

ダニエル・ピンク（作家）

デザイナーから学ぶ知的生産性を高めるノウハウ

デザイン思考の1丁目1番地、それは「デザイナーの思考法」そのものです。「デザイン思考のプロセスをなぞってもなかなか面白いアイデアが出ない」という方もいますが、論理的思考のままデザイン思考のプロセスだけなぞって失敗してしまうことが多いように思います。

思考法というと、ロジカルシンキングやクリティカルシンキングなど左脳による論理思考が有名ですが、IDに通うデザイナーが目指す思考スタイルは、左脳と右脳の両方を活用したハイブリッドな思考です。それは、左脳の論理の力と、右脳のイメージの力を両方バランスよく使いながら、自分ならではのユニークな切り口を出すという、創造＝「知的生産」を日々実践することになります。

この章では、このハイブリッド思考を、「インプットの質」「発想のジャンプ」「アウトプットの質」という3つの要素に分解してみました。限られた時間を有効に使いながらそれぞれの質を高めていくことで、皆さんの知的生産性を大きく上げることが

デザイナーから学ぶ知的生産のための思考術

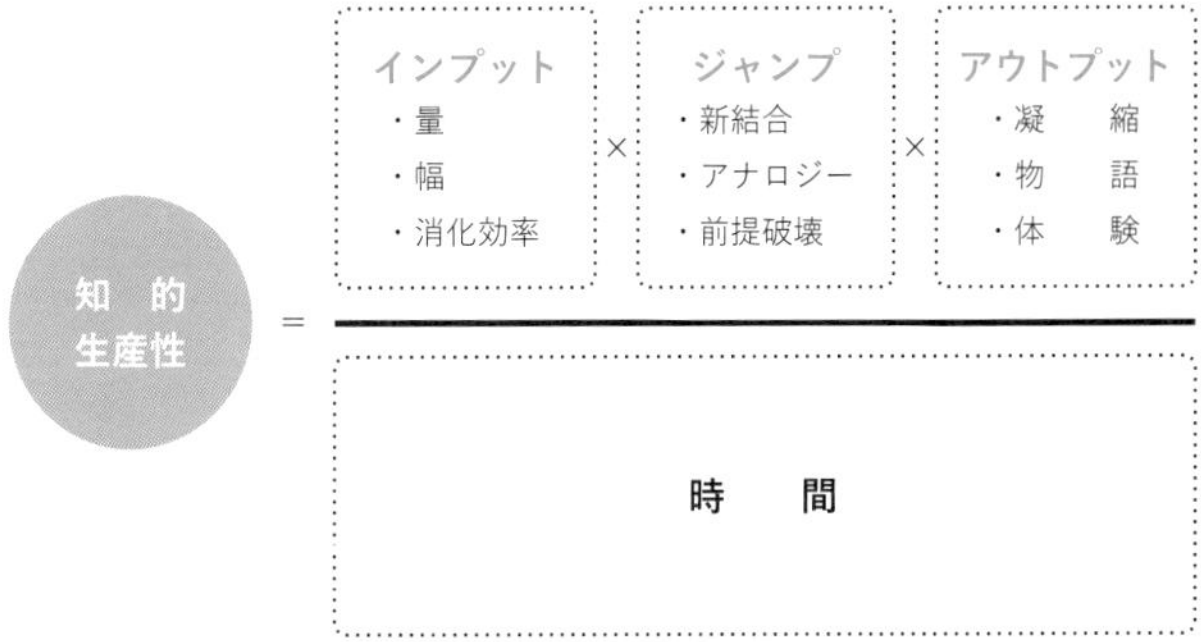

できます。

また、新たな切り口をだすための思考を日々実践するためのヒントとして、デザイナーの同級生たちとともに作業を進める中で学んだ、デザイナーならではのコツがあります。デザイナーが日々口ぐせのように考えている質問です。各要素の解説の最後に紹介しますのでぜひ日常で試してみて下さい。

インプット：ビジュアルを集め、ビジュアルで考える

デザイナーは、プロジェクトを始める際、アイデアを考えるためのリサーチを行います。

ビジネスの世界でリサーチというと、ウェブサーフィンや記事検索、書籍等で、市場規模が大きくなっているのかどうか、競合の戦略はどうか、ユーザーのニーズの変化などデータ分析をするのが定石です。

デザイナーも同じようにリサーチをするのですが、それ以上に大事にされている習慣は、ビジュアルのイメージや動画を集めることや現場を訪問するなど、五感を刺激するインプットをすることです。

たとえば、「まったく新しい時計をデザインする」というお題があったとします。デザイナーは、Google のイメージ検索等でまったく新しい形の時計を探す、雑誌の記事から時計のあるライフスタイルのシーンを探す、YouTube でシェアされている時計に関するトピックを洗いだすなどした上で、時計売り場を訪れたり、時計愛好家へのインタビューなどを行います。

これらの情報はすべて、ビジネスの世界では「客観的な情報」とはみなされない性質のものばかりです。しかし、ビジュアル情報は文章などのテキスト情報に比較して圧倒的な情報量がある、具体性の高いのが特徴です。

より具体的に人の気持ちや生活シーンをイメージすることで、新たな切り口の仮説を発想するやり方、これがデザイナーのリサーチの特徴です。

量・インプットの物理的な情報量を増やす

情報量の少ない文字の2次情報ではなく、多量のビジュアルデータを集め、現場での観察やインタビューによる1次情報を浴びるように吸収します。

実際にデザイナーと一緒にリサーチをしてみるとわかるのですが、たいへん多くの情報をインプットします。時計の例でいえば、好きだと思う時計の写真をイメージ検索で50～100枚くらい集めることもザラです。

実はこの作業を通じて、多くの具体的なイメージに触れることで、最終的にどんなアウトプットを作りたいのかに関するイメージのヒントを見つけることができます。

デザインリサーチをする際には、ユーザーの家庭を訪問調査しますが、1回の訪問で200～300枚近い写真を撮るのは普通のことです。

Google イメージ検索や Pinterest 等のサイトから1人50～100枚の画像を事前に用意してブレーンストーミングに臨むこともありました。

画像や動画、現場での経験は、いずれも圧倒的な情報量を持ち、それまで思い込みのように持っていた固定観念を裏切るような発見があるはずです。

ここでのデザイナーの思考は、以下の質問で説明できます。

どのようなイメージ写真を集めれば、新しい発想のヒントになりそうか？

質・自分が見ていた世界と違う幅の世界に触れる

さらに重要なことは、普段自分が無意識に接している世界とまったく違う振れ幅の世界に触れることで、発想を広げることです。私たちは、普段自分の関心に近い情報を無意識に摂取しています。これを心理学では認知バイアスと呼びますが、発想を飛ばすには、自分が普段フィルターをかけていて入ってこない世界に触れるのが一番の近道です。

たとえば、次のような軸で幅を作ることができます。

- 人間横断：自分とはまったく違う環境の人の生活や人生に触れる（共感）
- 分野横断：共通項を持ちながらまったく違った分野での例に触れる
- 地理横断：世界のまったく違った場所で起こっていることに触れる
- 時間横断：歴史的な観点から時代を経て起こっている違いと共通点を知る
- 価値横断：上質なモノや体験に触れる

イノベーター理論によるユーザーの分布

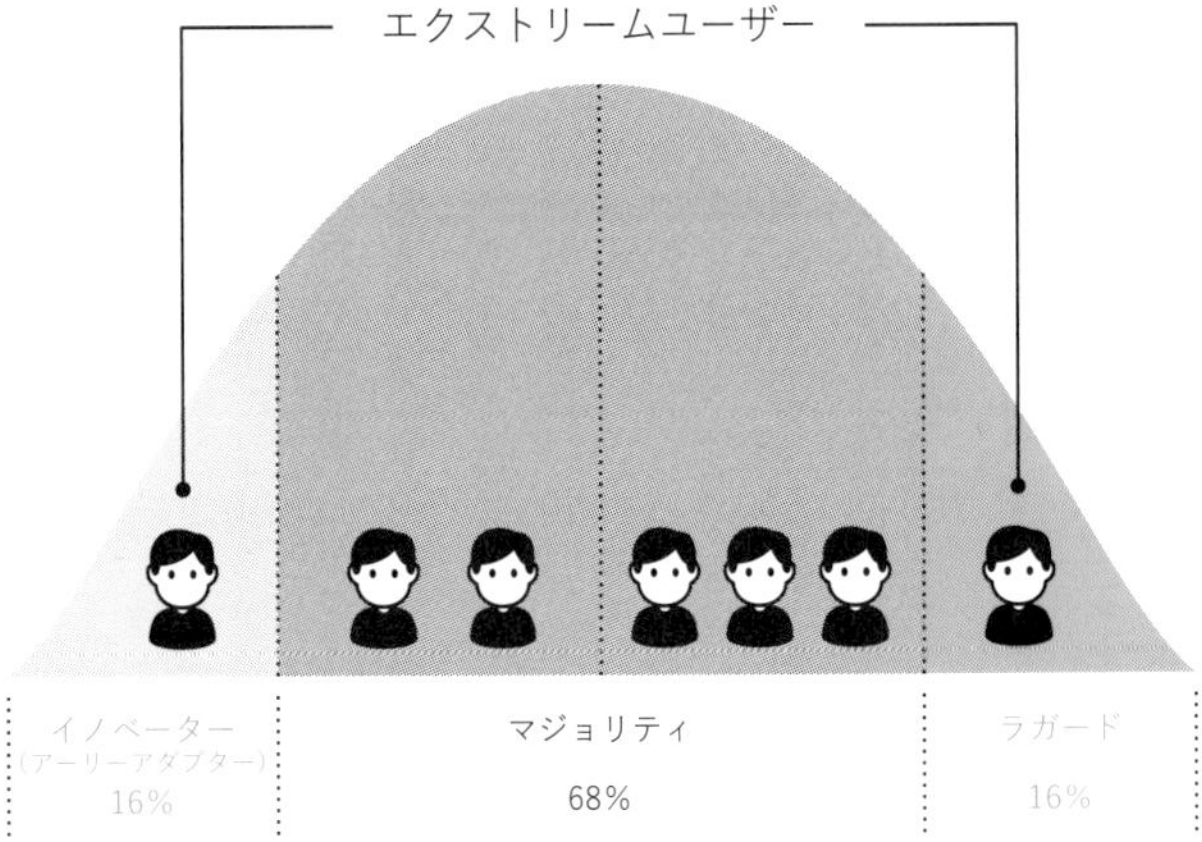

人間横断の例としてよくあるのが、商品開発に向けてユーザーリサーチを行うときの観察対象者に、エクストリームユーザーと呼ばれる極端な好みを持ったユーザーをあえて選ぶことです。

通常、ビジネスの世界でマーケットリサーチを行う場合には、その市場を代表する平均的なユーザーをリサーチするのですが、たとえば音楽の超ヘビーユーザーであるＤＪやＣＤをまったく買わない若者を調査することで、思考の幅を広げることができます。

また、地理的な幅も大事にされています。大手デザインファーム ＩＤＥＯは、デザインリサーチをするために、あるテーマにおける世界の先進地域を複数リサーチすることもあるそうです。

たとえば、新しい住まいを作るというプロジェクトでは、世界でもコミュニティづくりの先進国デンマークの新しいコンセプトの集合住宅と、香港の狭い地域に密集している住宅とを選ぶなど、世界の中でも先進的な場をフィールドワーク先にします。

この地理の幅を活かしたリサーチは、特にヨーロッパのように多様な文化が入り混じっている地域では積極的に活用されています。

また、デザインリサーチで歴史分析を行うことは非常に有効です。

たとえば、電子書籍についてのリサーチプロジェクトに取り組むような場合は、本を読むという体験そのものを、時代を超えてひもといていきます。

15世紀のグーテンベルクの活版印刷や、さらに紀元前の時代の象形文字にまでさかのぼり、人類の歴史を通じて共通の部分は何か、時代の変化に合わせて何が変わってきているのか、という視点から、今の時代に欠けているものや今後ニーズが大きくなってきそうなものを探し出していきます。

最後に、価値の横断です。デザイナーは、良いモノや体験を直に感じることでセンスを磨きます。新しくオープンしたホテルやカフェを訪れたり、普段は行かない最高級の万年筆を買うなど、上質な体験をすることも、質の高いインプットをする例と言えるでしょう。

どんな場所を訪れたら、普段の自分が見えていない視点が得られるか？

THINKING

消化効率・ビジュアルシンキングでざっくり把握する

デザイン思考を実践し始めると、大量の情報を処理する状態になります。多くの人が、創造的な思考をやらない最大の理由の1つは、この情報処理の大変さにあります。しかし、実はこの情報処理にはコツがあります。デザイナーは、全ての情報を処理するのではなく、膨大な全体を見渡して「ざっくり」把握をするのです。この膨大な情報の消化効率を上げるためにビジュアルを使ってシンプルにまとめるテクニックが非常に有効です。

有効なものの1つには、ビジュアルで考えビジュアルで理解するという思考法「ビジュアルシンキング」があります。

実は、ビジュアルシンキングは、ノートの取り方を変えるだけで実行することができます。

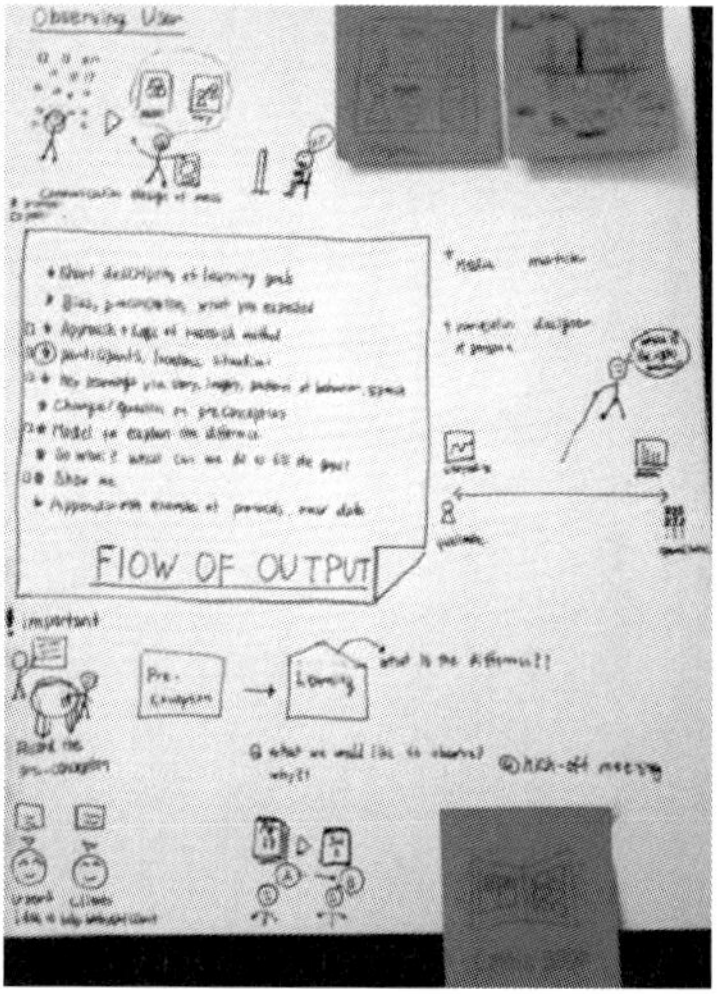

ビジュアルでノートを取る

上の写真は、留学の後半にユーザー観察の授業で私が取っていたノートの一部分です。イラストが入っていますが、これは先生の板書を書き写したものではなく、先生が口頭で説明した話を自分なりにイメージして、イラストでノートを取ったものになります。

美大出身ではないデザイナー向けのビジュアルシンキングの教本としては、『Back of Napkin』（邦訳：描いて売り込め！ 超ビジュアルシンキング）』（ダン・ローム著、講談社、２００９）が大変な人気です。欧米ではレストランで出てくるナプキンにメモを取る人も多いのですが、話が盛り上がっているうちに、どうせならその内容を文字ではなくビジュアルでナプキンにメモしてしまおうという内容です。

この『The Back of the Napkin』は、スタンフォード大学起源のビジュアルシンキングをわかりやすくビジネスマン向けに伝えたもので、アメリカのデザイン業界では必読書になっています。日々、イラストで描く癖をつけていると、情報を理解して、その論理構造をビジュアルに翻訳するという作業を日々繰り返すため、自然に左脳と右脳の使い分けができるようになり、両方の脳を使えるようになっていきます。言葉をいったん具体的なイメージにしてみることで、理解も深まります。

また、様々なデータやアイデアをイラストで表現する癖をつけることで、そのイラスト同士の位置関係やレイアウトから全体における位置づけを考えるようになり、複雑に絡み合った課題の中での優先順位がわかりやすくなっていきます。

このイラスト化の訓練は、人が話している話を自分なりに図解することで可能です。

私の場合は授業の内容を図解することからスタートし、恥ずかしくない程度になってきてから、打ち合わせでもイラストを描きながら考えたり、話すようになりました。

デザイナーや戦略プランナーの方の中には、ほとんど文字ではなくイラストやチャートのみでノートや板書を取る方もよくお見かけします。

ジャンプ：発想を飛躍させる

重要そうなものから一見関係なさそうなものまで、たくさんインプットをしたら次は、新しくユニークな切り口を生むために発想をジャンプさせる思考プロセスに入りましょう。

様々なアイデア発想法の方法論がすでに知られていますが、今までとは違う切り口を出すことは大変難しいことです。ジャンプはいつ生まれるかわからないという、理解しにくいプロセスでもあります。

ビジネスマンにとっては、普段ほとんど仕事で使わない頭の使い方です。企画を考えるときに必要に迫られてブレーンストーミングをやってみても、なかなかうまく成果が出ないと思っておられる方も多いでしょう。

ＩＤでの学びの１つは、この一見わかりにくいものにもしっかりしたプロセスがあ

強制発想のマトリックス

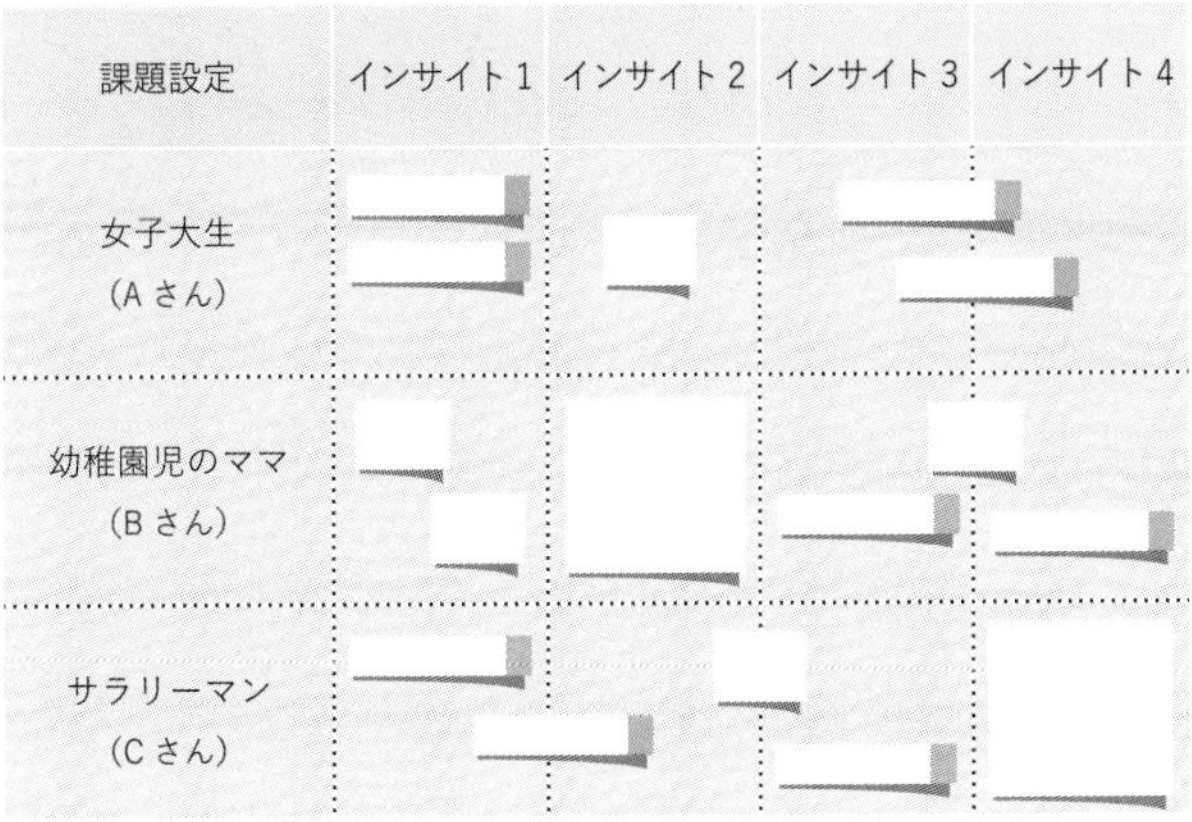

り、それは練習すればできるようになるということでした。

このプロセスでのデザイナーの思考には大きく分けて、様々な組み合わせを結びつける「新結合」、一見違うものに共通点を見出す「アナロジー思考」、前提となるルールを変えてしまう「前提を壊す思考」の３つがあります。

強制発想――異質の掛け算の発想

一見違う要素を無理やり結びつけて発想を生む、新結合による発想法があります。様々な組み合わせを使った発想法を、ＩＤでは「統合（シンセシス）」という授業で教えています。

たとえば、縦軸に想定ユーザーセグメ

ントを、横軸にユーザーニーズをそれぞれ貼り出して、その組み合わせをアイデア出しするという強制発想のマトリックスを使うことがオーソドックスなやり方です。

この縦横の要素は様々な形で入れ替え可能で、リサーチで集めた幅広いセグメントやそれぞれのユーザーから出てきたニーズを組み合わせて、ユーザーがほしがっている解決策を絵で描いていくブレーンストーミングができます。

ビジネスマンとしては、一見無意味に思える関係性を考えて何になるのかと思ってしまうものですが、実際にアイデア出しをしてみると、意外な組み合わせからアイデアのジャンプにつながることがあります。

慣れてくると、このような軸を作らなくても、様々な組み合わせを頭の中で考えられるようになります。たとえば、「教育×デザイン」や「釣り×ウェアラブルデバイス」といった具合にです。

THINKING

掛け算で何か新しいものが考えられないか？

アナロジー思考――まったく違うものに共通点を見つける

デザイナーのもう1つの強力な発想を飛ばすツールが、現在の固定観念（メンタルモデル）から離れ、意図的に発想をジャンプさせるための「アナロジー思考」です。

アナロジーとは、日本語で「類推」と訳されますが、一見違うように見えることに共通点を見いだすことを指します。

例えば、新しいオンラインでの研修の企画のアイデア出しをしているとしましょう。「これって何かに似てないかな？」たとえば、ラジオのような研修があるとしたらどうだろう？」ラジオといえば、パーソナリティが日常のちょっとしたことを語りながら、読者と対話をしていき、気張らず聞けるのが良いところです。研修のような場でも、もしラジオのようなカジュアルな体験を作ることができるとしたら、むしろ、ちょっとゆるく多くの人が夜に子どもを寝かしつけした後にリラックスしながら聞ける一般向けの研修があってもいいかもしれません。研修と、ラジオという一見関係なさそうなものに、リラックスして参加できるという共通点を見つけることで新たな企画が生まれました。デザイナーは、このアナロジーが得意技です。誰もちゃんと教えられていなくてもできるようになるのは、明日までに20個の新しい時計のアイデアを出せ！と言われた時に、無理やり数を出すためには、他からアイデアを借りてくるのが一番なのです。「動物のような時計とは?」、「氷のような時計とは?」などどんどん一見関係なさそうなもので似たものがないかを考えていくと時々、意外な良い切り口に出会ったりするし、安定して多くのアイデアを出すことができるのです。

新しいことを発想する時には、すでに知っている身近な世界である自分の知識を、未知の世界の知識と結びつけることで新たなアイデアを生むことができます。

この、「知っている世界」と「未知の世界」を行き来が、「まったく違うように見えるけれど、何か共通点を探す」というアナロジー思考になります。

アナロジー思考を日々実践する上では「今考えていることで、何か似たもののないかなあ?」という問いを考えることが有効です。

アナロジーは「AとBは、Cの理由で似ている」という部分から構成されます。たとえば、「デザインスクールと、アトリエは似ている。なぜなら、両方とも未来の絵を描く場所だからだ」というような感じです。

アナロジー思考は、私もかつてなかなか身につけることができなかったスキルですが、これを習得するために1つコツがあります。思考をジャンプさせるためには、言葉で考えるより、似ているものを雑誌の写真から探すなどしてビジュアルで考えることで、共通点が見えやすくなります。

言葉は抽象的な思考なので、そればかりでは共通点を見つけにくく、かなりの訓練を積まないことには共通点を見つけにくいのですが、絵やビジュアルだと、何か似てる！　と圧倒的に気づきやすくなります。

アナロジー探しに、オススメなのが、写真の豊富にある雑誌や Pinterest などの写真ボードサービスを眺めることです。

また、偶然に似たものと出会いを作るためには、街歩きも有効です。お題を決めてそれを探して街歩きをして、写真を撮るというトレーニングがオススメです。

たとえば、新しいタイプの目覚まし時計を考えるというテーマを持っているときに、「目覚まし時計に似たものを、街歩きの中で探して写真を撮る」といったやり方です。

またアナロジーを見つけやすくするためには、要素分解をして見るクセをつけると良いです。

次の写真はある京都のお寺の庭なのですが、この写真をよく見てみると、本当に

アナロジー

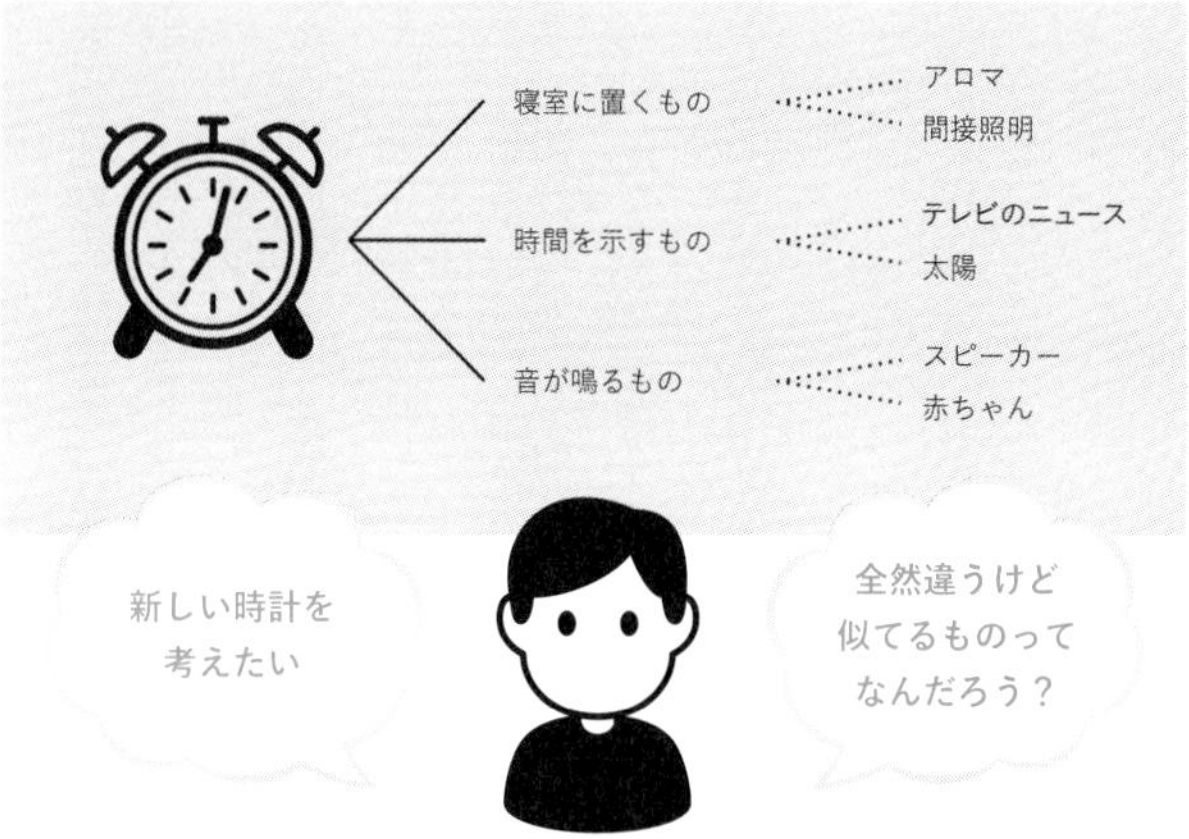

この写真の中にある要素にはどんなものがありますか?

様々な要素が含まれていることがわかります。

- 森林に囲まれた場所
- 観光地
- 平安な気持ち
- 生き物のすみかとしての池
- 鏡のような水面
- 透きとおっていないココアのような水面……

写真から様々な要素を抽出したら、今、自分が考えているサービスをその要素でたとえることができないかを考えてみましょう。平安な気持ちになる時計って？ 鏡のような時計って？ 人がいっぱい集まる時計って？ 新たな切り口は無限に広がります。

世の中には、抽象的なビジュアルメタファーを使ってランダムに思考できるような、カード型のツールなどもあります。タロット占いのカードの抽象的な図なども、その例の1つといえるかもしれません。

全然違いそうだけど似ているものって何だろう?

ゲームのルールの前提を壊すことで新たなアイデアを生む

既存のビジネスを壊すような飛躍した大きなアイデアを、いきなり自分だけで出すのは難しいことです。それは、無意識に今の常識を前提として置いてしまっているためです。

当たり前を壊せるアイデア出しの方法はないものでしょうか。

たとえば、「新たな義務教育サービスのモデルを考える」という課題があったとします。

まずは、既存の義務教育で暗黙のうちに信じられているルール＝神話をいくつか書き出します。「少人数制のクラスは教育効果が高い」「教室のような場からオンラインの学びの場へ移る」「教育の効果は教える先生の能力と比例する」「教育は、優秀な先生によってなされるのが肝である」など。

次に、それぞれの神話の逆を書き出します。「大人数のクラスで効果的な教育がある」「教室の場がより大事になる教育サービス」「先生がいなくても成立する教育サー

例：新たな義務教育サービスのモデルを考える

1 既存の常識（暗黙の前提）の言語化

- □ 少人数制のクラスを増やして学習効果を高めることが大事
- □ 教室のような物理的な場からネットなどバーチャル教室へ
- □ ゆとり教育は、遊ぶ時間が増えるので拘束時間は増やす
- □ 教育は、教える人が優秀でないといけない

2 2軸を設定し真逆の方向性を考える

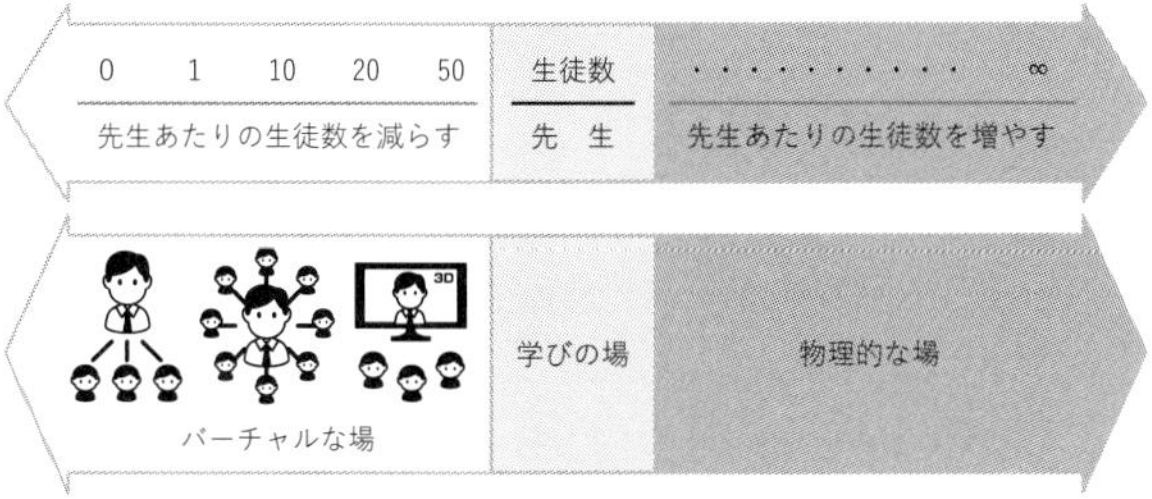

軸の組み合わせを変えて繰り返す

3 手垢がついていない分野に絞ってブレーンストーミングをする

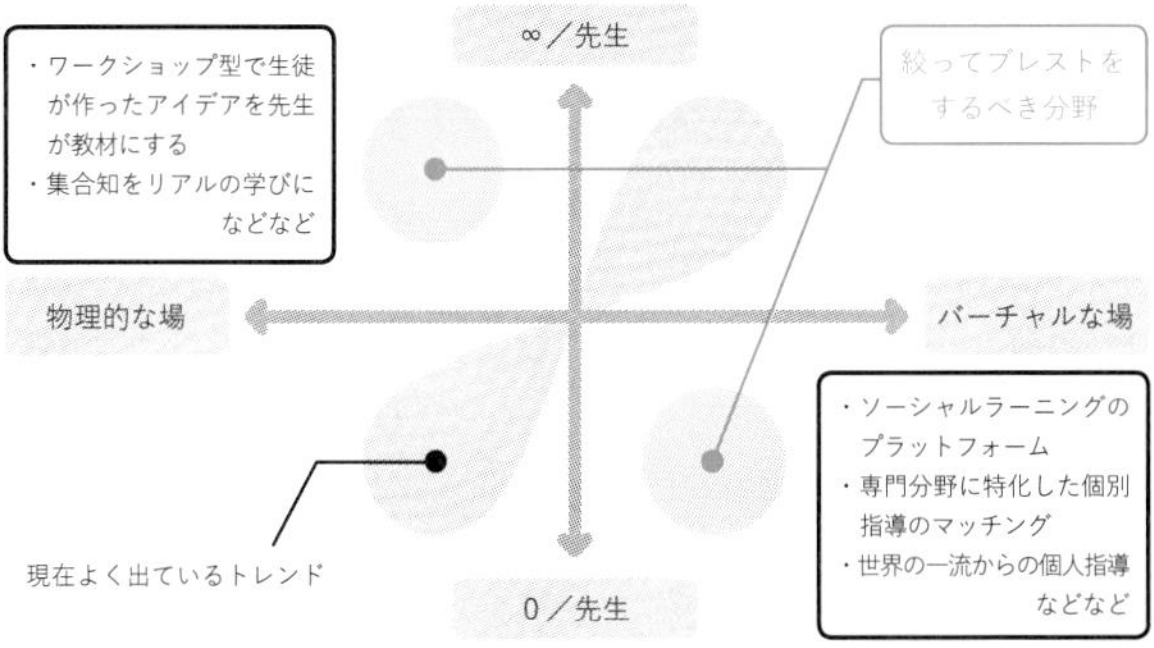

ビス」など。

神話の反対というのは、当然今はいわれていない話です。そこからイノベーションが生まれるかもしれない切り口のはずです。その中で2つの軸を取り、それぞれ相反する形容詞を入れて、図の3に示したような4象限のマップを作ります。この図では、「先生あたりの生徒が多くても効果的な教育×リアルの教室で行われる教育」や「バーチャルで先生の存在しない教育」には手垢がついておらず、新たな切り口が生まれる可能性があるものといえます。

どうせブレーンストーミングするのであれば、あまり手垢がついていない部分に絞ってアイデアを出すことで、新たな切り口を提示することができます。

たとえば、リアルな場で行われるけれどリアルタイムのインターネット上の集合知を教材にする授業や、ユーザー同士で学びやすくできるソーシャルラーニングのオンラインプラットフォームなどが、具体的なアイデアとして出てきます。

この手法は、ある市場の既存のルール（常識）を列挙し、それを逆張りするというようなブレーンストーミングの手法としても使うことができます。

今までの常識は何か？　それを壊す新たな軸は何か？

アウトプット：シンプルに感情に訴えかける体験デザインを行う

伝えたい要素を凝縮していかにシンプルにし、受け手に合った形でドラマ性のある体験を実現し、感情を揺り動かすか。

普段のビジネスでもほとんど無意識にしていることですが、私にとっては新しい学びがありました。

これには、凝縮フォーマット、メタファー、ストーリーテリング、体験デザインという4つの要素があります。

凝縮フォーマット

デザイナーは、様々なアイデアを凝縮してシンプルなものにするため、1枚のポスターや、ネーミング、キャッチコピーなどのフォーマットを利用します。1枚で表現しなければならないという、フォーマットにおける制約を自ら課すことで、自動的にいらない要素を削ぎ落とさざるを得ない環境を作りだすのです。

ユーザー観察の授業では、2カ月にわたってリサーチを行い、分析を進めていたのですが、あるとき先生から「さあ、今からリサーチ結果をまとめるポスターのプロトタイプをホワイトボードに5分で書いてみてくれ」という指示がありました。

かなりの時間をかけて行ったリサーチの結果を5分で、しかもポスターのフォーマットにしてまとめるのはものすごく大変に思えます。しかし、ホワイトボードに短い時間で書かねばならないという制約を課されることで、本当に大事なエッセンスが何かということに議論が向かうきっかけになったように思います。結果として、ポスターのプロトタイプを作ったことで、大事な構成が一目瞭然にわかるようになりました。

ポスターは、背景の色やマスターなどの選び方でも世界観を表現することができますし、凝縮するためのフォーマットとしてもとても優れています。

MIT Media Lab の石井裕先生は、「考えているアイデアを140文字以内で説明しなさい」とか、「漢字4文字で表現しなさい」というようなことをよくおっしゃいます。アイデアを凝縮するための表現フォーマットを活用することで、自分たちのアイデアを削ぎ落とすことができるのです。

1枚の限られたフォーマットでビジュアル表現やレイアウト、コピーライティングを含めた表現を考えるという右脳思考で、デザイナーの得意な「引き算」によるシンプル化が可能になるのです。

伝えたい要素を洗い出したうえで、優先順位づけをしていく通常の左脳思考との違いを体験してみてください。

THINKING

どのようなフォーマットで表現したら、自分たちのアイデアを凝縮することができるか？

メタファー

新しいコンセプトの商品やサービスを、知らない人に伝えるために、身近なものでたとえる比喩をメタファーと呼びます。実は、自分のアイデアをまったく知らない人に伝えようとするときの、たとえを考えることこそが、アイデアをシンプルに伝える

メタファー

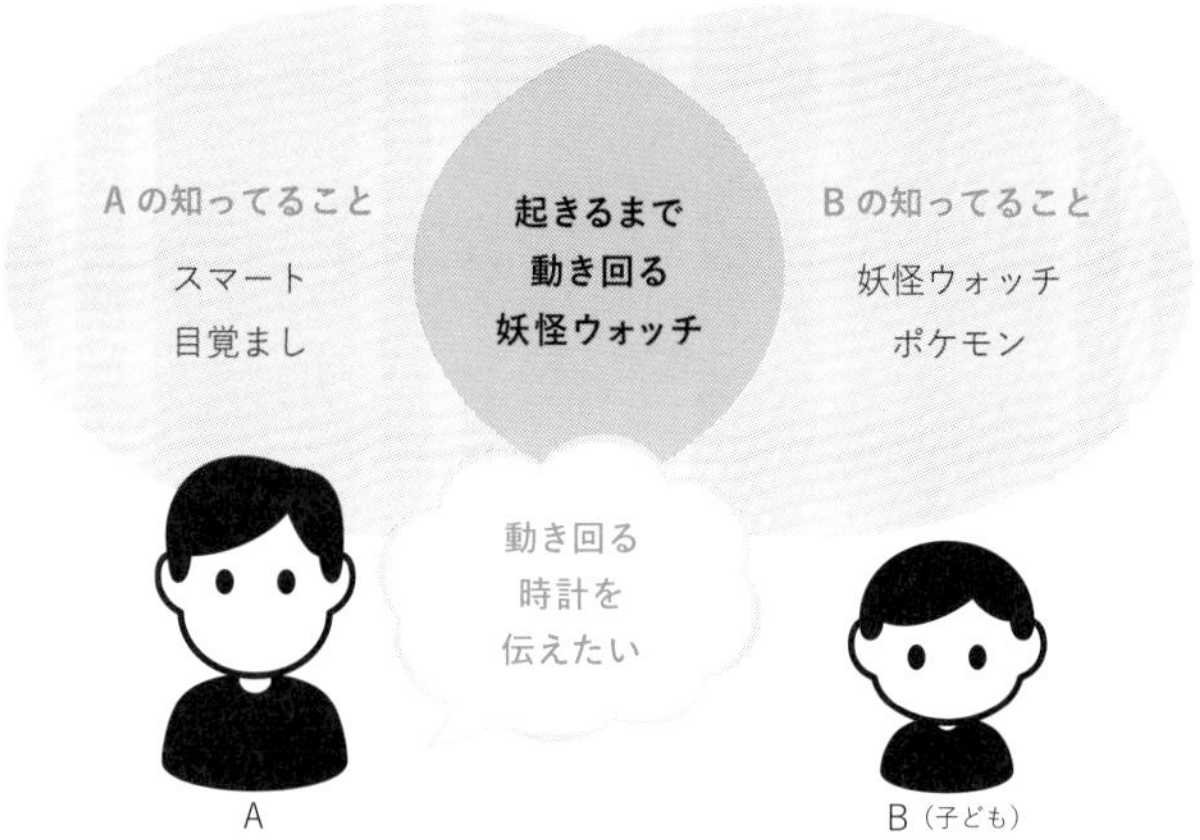

上で非常に効果があります。人は、まったく聞いたことがないことを理解することはできないので、すでに知っていることにたとえると理解がしやすくなります。

イノベーションでいちばん難しいのは、その新しさをいかに魅力として伝えるかというポイントです。誰も見たことがないわけですから、理解しにくいのは当たり前です。ｉＰｏｄが発売されたときには、「１０００曲をポケットに」というコピーが使われました。すでに持っている全てのＣＤがポケットの中に入るという新たな体験をうまく説明できています。

メタファーの練習としては、自分が考えた新しいアイデアを、子どもや自分の母親などまったくその分野の知識がない人に説明してみてください。伝えようとするときには、自然に彼ら彼女らも知っているコトと結び付けないといけないので、非常にシンプルに伝えられるようになります。

オンラインによる講演を見れる動画チャンネルのＴＥＤがきっかけになり、プレゼンテーションの文字を極力減らし、写真イメージを豊富に使って表現する手法も広がりましたが、この比喩は、ビジュアルプレゼンテーションの写真選定にも使えます。

もし、詳細にこのスキルを学びたい方は、『直感と論理をつなぐ思考法―ＶＩＳＩＯＮ ＤＲＩＶＥＮ』の第４章の「凡庸さを克服する『組替』の技法」をご覧になってください。まずは、次のような問いかけを日常心がけるだけでも、メタファー力は随分鍛えられると思います。

THINKING

小学生でもわかるように説明しようとしたら何にたとえたらいいかな？

英雄の旅の基本構造

ストーリーテリング

デザイナーのプレゼンテーションの特徴は、できるだけ具体的なストーリーを表現しようとすることです。

たとえば、リサーチの結果をプレゼンテーションする際にも、8人のユーザーに共通していることではなく、1人のユーザーの特徴的なユーザーの具体的なストーリーを語ります。そうすることで、人の心を動かすことを主眼に置いたプレゼンテーションを作ることができます。

ここでよく使われるのが、ハリウッドのヒット映画の脚本づくりでも使われている、「英雄の旅」と呼ばれるフレームワークです。

ごく簡単に説明すると「物語の最小構

成要素としての4つの要素」を、ユーザーを主人公にした「自分たちが提案したいサービスの最小構成要素としての4つの要素」に置き換えてしまうのです。

物語の最小構成要素としての4つの要素：

1 主人公が、
2 宝物を得るために、
3 試練に打ち勝つことで、
4 幸せになる

自分たちが提案したいサービスの最小構成要素としての4つの要素：

1 主人公であるサービスのユーザーが、
2 サービスを使うことの便益を得るために、
3 日々感じている課題に取り組むことで、
4 日々がちょっと幸せになる

これができるようになるための最初のステップは、ログラインと呼ばれる物語の要旨を2~3行で表現することです。これは、映画のパンフレットや、文庫本の裏などにある短い要約説明に近いものです。

映画『シンドラーのリスト』のログラインはこのようなものです。

「プレイボーイの製造業者であった主人公が、死の運命にあった1100人のユダヤ人を救う。ナチスドイツの残虐行為に愕然とした彼は、ナチスのお偉方をだまして、彼の工場をユダヤ人の避難場所に変えた。オスカー・シンドラーの史実より」

ちなみに、ハリウッドに持ち込まれる数限りない企画も、最初はこのログラインのみで選別されるそうです。それだけログラインは重要だということです。このストーリーの概要ができたら、ストーリーの骨子に発展させていきます。このストーリーを作るためには、「英雄の旅」の原型が使えます。

1　普段の世界：現実の世界はどのような課題が存在するか？

■ 英雄の旅物語フレームワーク

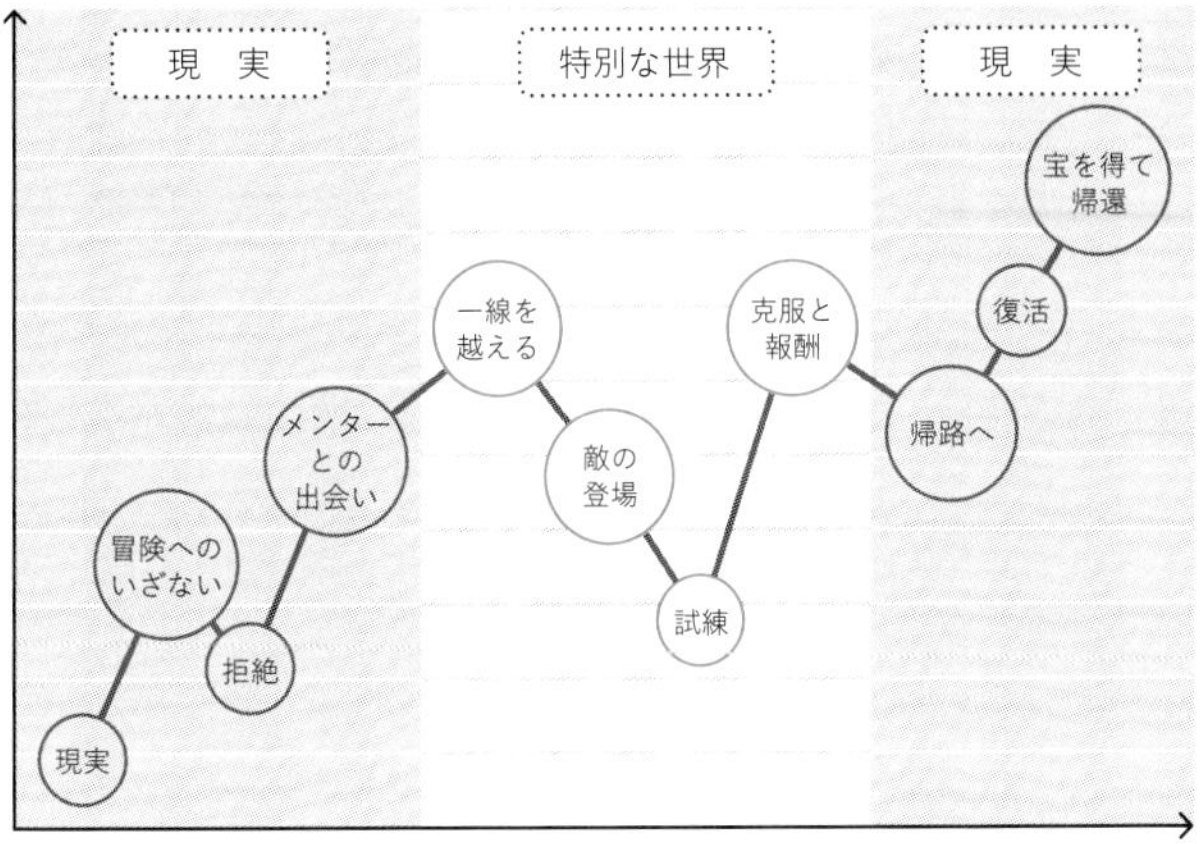

2　冒険へのいざない：今のぬるま湯の世界を出るきっかけとなるできごと

3　迷い、葛藤：冒険に出ることで得られるもの（便益）と、失うもの（コスト）の葛藤

4　メンターとの出会い：思いもしなかった支援者の現れ

5　試練（敵との遭遇）：冒険において、宝物を得るために越えなければいけないハードル（競合、心理的ストッパーなど）

6　報酬：試練を越えたことで得られた報酬（便益）

7　帰還：冒険を経て、現実の世界に戻ってきて気づいた多くの学

び（人間的成長など）
8　宝物を手にする：結果的に大成功している姿

主人公の身に何が起こったのかを、上記のフレームワークごとにそれぞれ1～2行ほどでまとめると、物語の要旨を書くことができます。
この秘訣は、できるだけ具体的に、イメージが湧くような固有名詞や形容詞、副詞を豊富に使って、短い文章の中で生き生きと物語ることです。
このフレームワークを使うと、商品やサービスを通じて提供する世界観を、物語を使ってありありと語ることができます。

THINKING

どんなエピソードや物語を語ったらよりインパクトがあるか？

体験デザイン
デザイナーは、自分のアイデアをプレゼンする際に、単にプレゼンテーションをつくるだけではなく、様々なメディアを使った体験の可能性を考えることが得意です。

アイデアを表現するために、パワーポイントのプレゼンテーションだけではなく、ポスターやビデオ、プロトタイプで表現することがあります。他にも、インパクトを感じてもらうために、即興の劇、ゲームや等身大のモックアップを作るなど、様々な表現の仕方があります。その内容に合わせて、どんな表現の方法がいいかを選択するのです。

デザインファームIDEOがコンサルティングに入る際には、コミュニケーションデザイナーがチームに入って活動をします。プロジェクトの最終プレゼンテーションに向けて、どういうフォーマットでどんなメッセージを伝えるかだけを専門に考える職種です。

あるコミュニケーションデザイナーの方は、「パワーポイントのプレゼンテーションなんて当たり前すぎて面白くない。聞き手が腹落ちするためには、どういう表現の仕方がよいかをゼロベースで考えます」とおっしゃっていました。

THINKING

アイデアを最もよく伝えるために、資料以外の、どんな体験で伝えることができるだろう？

デザイン思考を成り立たせる前提

では、どのようにしたらこれらの思考ができるようになるのでしょうか？　ビジネスマンに多い左脳優位の人が右脳思考を実践していく上で、今まで慣れ親しんだやり方を捨てなければいけないことがいくつかあります。

全ての情報を厳密に処理しようとしない

膨大な情報量を右脳に浴びせながら、今までの慣れ親しんだ考え方を壊すことで、偶発的に思考のジャンプが生まれることはすでに説明しました。ここで、最初の壁となるのが「全部の情報をしっかり厳密に整理しようとすると、処理が追いつかない」ということです。完全な分析が難しいビジュアル情報を大量に扱うため、誰もが納得できる情報処理の仕方はありません。そのため、全部の情報を厳密にまとめなければならないという真面目すぎる心がけを捨てることが必要になります。

不明確な状態を恐れない

右脳思考を実践すると、まったく論理がとおらないような飛躍が多々発生するものです。発散していくに従い、全体像が見えなくなります。スッキリしません。アウトプットも出ていないように思えます。しかし、常に全てを厳密に説明できるようにしなければと思えば思うほど、思考の飛躍は生まれなくなります。混沌とした不明確な状態をもよしとすることが必要になります。

違いを生み出せる人はデザイン思考を無意識にやっている

左脳型の人がデザイン思考を学ぶことの特に大きな意義の1つは、人とは違う切り口を出すことができる強力な武器として、左脳右脳ハイブリッド思考を実践できることだと私は考えています。

ハイブリッド知的生産に必要な能力は、共感（ユーザー観察）、全体の調和（統合）、デザイン（デザイン全般）、物語（ストーリーテリング）など、LESSON0でご紹介した『ハイ・コンセプト』の中で紹介されている6つのセンスの多くと重なっています。

この左脳と右脳を両方使った、ハイブリッド知的生産のノウハウを持っている人は、新しい発想を生み出し続けることができるたいへん賢い人になることができます。

　自分の仕事を、新しい価値を創る仕事と時間を効率よく回す仕事に分け、新しい価値を創るものには多少時間を使ってでも、デザイン思考の考え方を使ってアイデアを生み出すことが必要だと思います。

　私の場合は、個人的にワクワクするプロジェクトや、今まで手をつけられていない新しい切り口でちゃんと形にすれば大きな話題になりそうなプロジェクトにデザイン思考を活用しています。

EXERCISE 1

ビジュアルシンキング

ビジュアルシンキングとは、ビジュアルで情報を捉え、ビジュアルで発想することです。自分の考えていることを図で表現することは、プロトタイピングのきっかけになります。

ぜひとも、実際にポスト・イットとサインペンを用意して、次の①～④のお題について絵で表現してみてください（1個あたり1分で）。

解釈は人によって違うので、自分の頭に浮かんだもので構いません。お題①の「人間」の場合、思いつかなかったら棒人間でもよいので、まずは描いてみましょう。

落書きエクササイズ

【お題】
①人間
②お金
③戦略
④全く新しい時計

いかがでしたか？ 図にすることで初めて気づくことがあるというのを感じたのではないでしょうか。

見えないものをイラストで可視化するということは、その本質をつかむことでもあります。

メモをするときにビジュアルで描くだけでも、考えながらメモすることになるので、効率がアップします。これからは、ぜひ試してみてください。

人間 ▶

お金 ▶

戦略 ▶

全く新しい時計 ▶

column

IDのプログラム概要

IDの大学院のコースには、Master of Designという2年コースと、Master of Design Methodsという1年コースがあります。Master of Designでは、デザインとビジネスの両方に秀でたハイブリッド人材を育てることを意図しています。デザイン教育を受けたことがない学生は、これに加え1年間の写真術基礎、プロダクトデザイン基礎、インタラクションデザイン基礎などを受ける1年の集中デザイナー養成基礎コースと合わせて、最大で3年のコースになっています。

私が参加したMaster of Design Methodsのコースは、職務経験が10年以上の人向けのExecutive MBA的なコースです。授業の中身は全て2年コースと同じですが、短期間で盛りだくさんの内容についていくのが大変です。

留学中には他の大学のMBAやロースクールなどの、その他の分野の大学院の友人とも交流しましたが、デザインスクールの授業に特徴

IDで学べる授業の例（筆者の場合）

デザイン思考プロセスの習得のためのモジュール

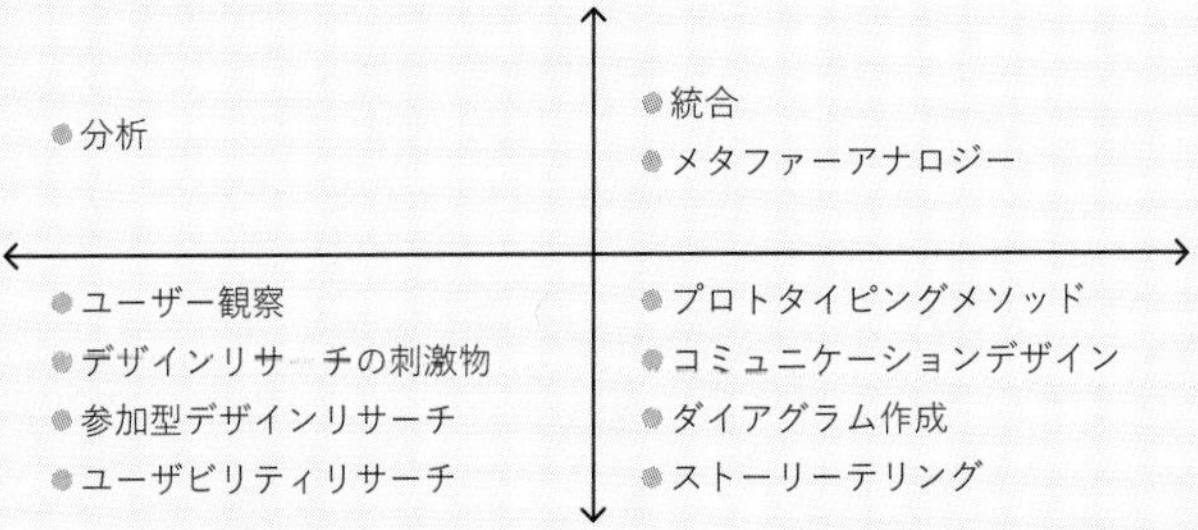

テーマ別の実践型授業

- サービスデザイン
- イノベーションと生活空間
- イノベーション戦略
- デザインコンサルティング

的だと思ったのは、デザインというアウトプットをゴールにした多数のチームプロジェクトです。

もちろん、授業での議論への参加についてもある程度は評価されるのですが、それ以上に毎週チームメートとプロジェクトを進めるプロセスにおけるアウトプット自体の質が評価には重視されます。

また、デザインする前提としてユーザーニーズのリサーチを重視するた

column

め、インタビューや観察などのフィールドワークの頻度がたいへん多いのです。1年間で100人以上のアメリカ人に英語でインタビューをしました。

結果論ではありますが、このインタビュー100本ノックの経験は、アメリカ人の生活をより深く理解するという意味でも、様々な人の価値観を肌感覚で体に刷り込むことができたという意味でも、とても大きなものになりました。

授業のプログラムは、短いものでは7週間、長いものでは14週間が1セットで、それぞれのプログラムではリサーチ、リサーチのまとめ、デザイン開発、プレゼンテーションといった流れで進みます。

IDでは、デザイン思考のプロジェクトの実務に使えるフレームが、図のようにしっかりと定義されており、それにあわせて様々な授業が構成されています。

ダニエル・ピンクの『ハイ・コンセプト』で紹介される6つのセンスのうち、実に、共感（ユーザー観察）、全体の調和（統合）、デザイン（デザイン全般）、物語（ストーリーテリング）と4つのセンスを学ぶことができるのです。

また、上記の体系的な授業がデザインプロジェクトを実行するためのスキル習得を目的にしているのに対し、実際の企業やNPO、政府などのクライアントがついた実践型のデザインプロジェクト（ワークショップ）の授業もありました。2012年度のワークショップのテーマは以下の通りでした（一例）。

- コワーキングスペースなどのクリエイティブな空間のリサーチプロジェクト（大手オフィス家具メーカー向け）
- 市役所のサービスを改善するためのサービスデザインプロジェクト（シカゴ市向け）
- NPO向けのコミュニケーションデザインプロジェクト（インドのNPO向け）
- ベンチャー企業向けのサービス提案プロジェクト（シカゴのベンチャーインキュベーション団体向け）

また、冬休みや春休みの期間を利用してインドやブラジルへのリサ

column

ーチトリップにも参加できますので、ビジネスやデザインの世界で注目を浴びている新興国向けの経験を養うこともできます。

LESSON 2：マインドセット

プロトタイピングメソッド

Think by hands！
（考えながら作るのではなく、作りながら考えよ）

マーティン・テイラー（ID客員教授）

議論するのではなく手を動かして考える

スタンフォード大学 d.school の創始者デイヴィッド・ケリー氏をはじめ、IDEOのデザイナーなど、多くのデザイン実務家と話をするほど強く感じるようになったことがあります。

デザイン思考のプロセスを学ぶことは、柔道でいう「型」を習うようなもので、型の練習を繰り返しながら、最終的にはその心構えを学ぶということではないかということです。

私は留学中の1年間、徹底的にデザインの世界に浸ったことで、ビジネスマンとしての「型」が変わったことが大きく3つあります。それは、まずは手を動かし、作ったものをもとに議論するということです。そしてそのマインドセットを学べるのが「プロトタイピング」の授業です。

プロトタイピングの授業

第１週	スケッチプロトタイピング
第２週	フランケンプロトタイピング
第３週	コラージュプロトタイピング
第４週	シナリオプロトタイピング
第５週	スケッチモデルプロトタイピング
第６週	実物大体験プロトタイピング

プロトタイピングメソッドの授業で教わった作り手魂

元ＩＤＥＯの工業デザイナーとして活躍した、マーティン・テイラーが教えている「プロトタイピングメソッド」の授業は、特にノンデザイナーにたいへん人気がありました。全７回の授業で様々な種類のプロトタイピングの方法を学びます。

「ビジュアルスケッチによるアイデアのプロトタイピング」、有り合わせの素材を集めた「フランケンプロトタイピング」、イメージの素材を集めた「コラージュプロトタイピング」、新しいサービスのユーザーの使用シーンをプロトタイプする「シナリオプロトタイピング」、フォームコアという硬い紙を使った「スケッチモデルプロトタイピング」、ユーザーのリアルな場での体験を試す「実物大体験プロトタイピング」などです。

この授業で学んだことは計り知れないほど多かったのですが、いちばん印象的だったのは、短い時間で不完全でもまずは自らの手で作った上でチームメートと議論をする、というマインドセットです。ビジネスの世界では、議論によって合意を得ることについ時間をかけてしまいがちですが、その対極になります。

最初の授業では、ＩＤＥＯ流のブレーンストーミングを体験しました。「まったく新しい目覚まし時計のアイデアを考える」というお題を与えられ、「どんなに下手でもいいから、Doodle（落書き）でアイデアを絵で描く」という条件を課され、Ａ５サイズの白紙を目の前にして（Ａ４の紙を半分に切ったサイズ）ブレーンストーミングが始まります。

絵を描くことに最初は照れもありましたが、10～15分程度の短い時間でとにかくたくさんのアイデアを出さなくてはならず、チームメートもなぐり書きの絵をたくさん描くようになりました。どんな絵を描いても、特に何も言われません。そうやっているうちに、他の人の絵からいろいろイメージが湧いて、他のアイデアが出てきたりします。

ビジュアルスケッチによるアイデアのプロトタイピング

お絵描きによるブレーンストーミングは、具体的な場面をイメージする右脳が刺激され、さらに他の人のアイデアを聞くことで別の連想が生まれるといった、ブレーンストーミングを効率化する効果があります。

ちなみに、本職のデザイナーであっても、必ずしもイラストがうまいわけではないということにも気づきました。短い時間で絵を描かなければならないとき、その絵のうまさは問われません。

デザイナーは、最初は汚いちょっとしたスケッチから全てが始まるということを知っているため、絵がうまいか下手かということをそもそもあまり気にしないのです。ビジネスパーソン向けの「ビジュアルシンキング」のワークショップが開かれるようになってきましたが、「絵が下手だから描きたくない」という人がとても多いようです。でも、実際にワークショップなどでやってみると、意外とうまい人も多いものです。

最初は下手な第一歩でも、とにかく早く歩みを進めるということが、プロトタイピングのいちばんの心構えです。「絵を描く」という動作は、日常生活の中でいちばん簡単に右脳モードに入ることができる習慣ですので、オススメのやり方です。

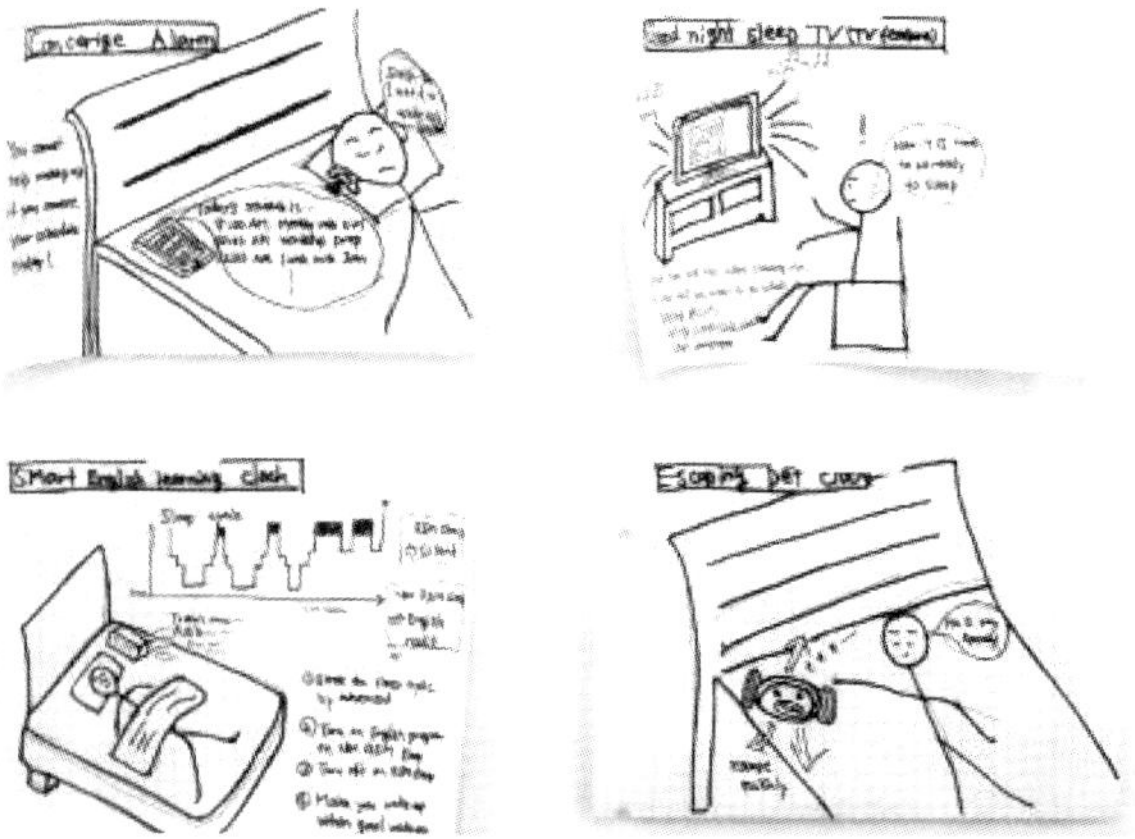

筆者が授業中に数分で書いたスケッチ

その次の授業では、手描きのラフなスケッチを綺麗なスケッチにする方法も教わりました。

1 手描きでスケッチブックに描いてみて
2 トレーシングペーパーでなぞる
3 太、細字の2本のペンで、線を塗り分ける（いちばん外側の外輪の線を太字にする）
4 スキャナで取り込む
5 （もしお持ちの方は）Photoshopでグレーの色を一部つける

これらのステップを経て、単なる落書きだったポンチ絵は、プレゼンにも使える「スケッチプロトタイプ」となります。手描きのポンチ絵は、実際にはスケッチプロトタイプを作るための設計図になります。

ラピッドプロトタイピング

ラピッドプロトタイピングとは、頭の中にあるぼんやりとしたアイデアの完成度を上げるために、少ない時間とリソースで作るプロトタイプのことです。ビジネスの世界にいた私にとって、この考え方はたいへん新鮮でした。

新しい目覚まし時計のアイデアとして私が考えたのは、「止めるまで走り続ける車輪のついた目覚まし」です。このスケッチを数分で描きました。

このアイデアをより深く考えていくと、どのくらいの大きさであれば自然にベッドに置けるのか、車輪の大きさはどのくらいかなど検討するポイントがあります。

その後3日間の時間を与えられてスケッチモデルプロトタイプをつくりました。学校にある工房に行き、試しに形にしてみることにしました。実際に作ったプロトタイプは非常に簡素で形だけのものですが、環境に置いてみるプロトタイプとしてはこれで十分です。実際にベッドに置いてみると、「ちょっとでかすぎて、置きたくないなあ」とか、「スイッチはここにつけたほうがよいなあ」など、改善点が山ほど見えて

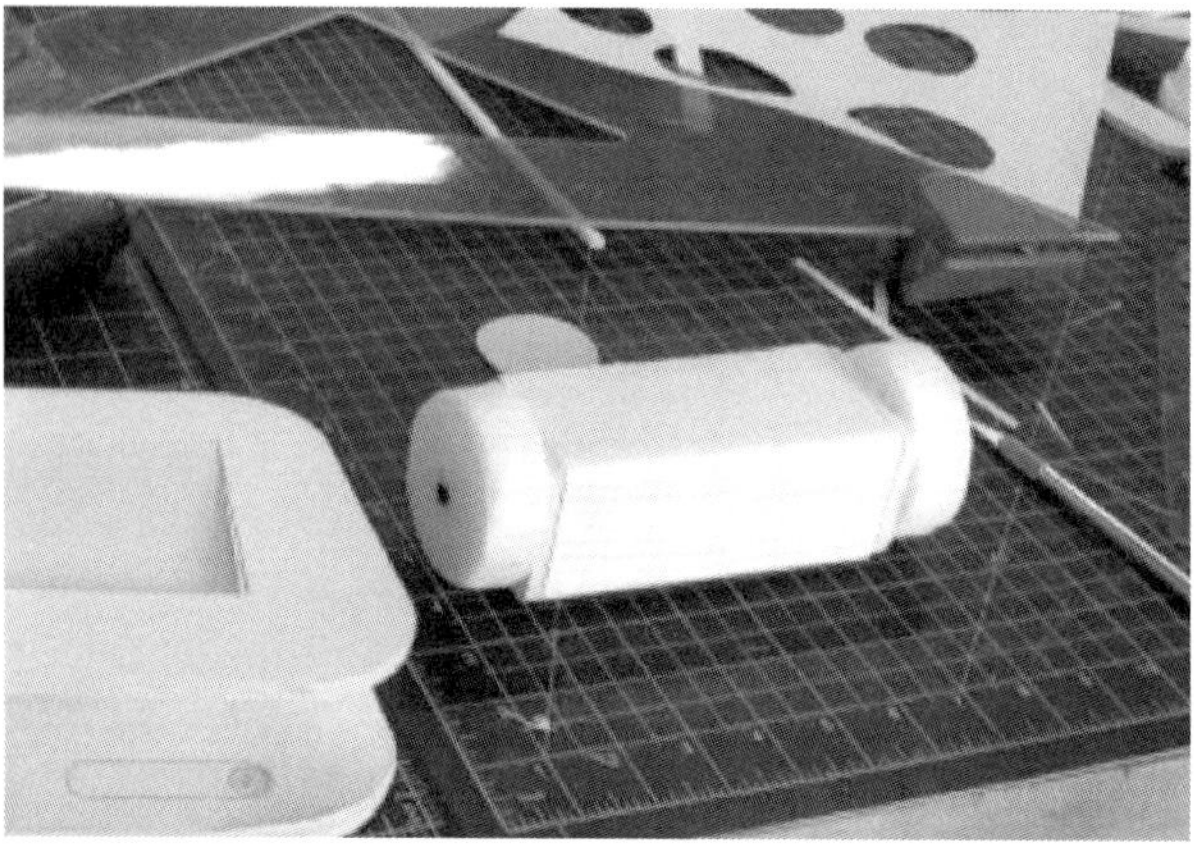

スケッチモデルプロトタイプ

きます。

また、同僚に見せてみることで、「これはうちの息子だったらほしがるだろうけど、その場合はこんなキャラクターフィギュアが使えたほうがいいかも」など自分にはない視点をもらうことができました。

このように、とりあえず手を動かし、机上のアイデアだったものを、ありものの素材を組み合わせて形にしてみることで、一気に新たなアイデアが生まれてきます。

この次のステップでは、木などの素材を使ってもう少し精度の高いプロトタイプにアップグレードさせることで、より良い学びができてきます。

「どうやったら頭の中にあるアイデアをあと1日で具体的にできるだろうか？」と考えることは、留学以前にはありえませんでしたが、自分自身で企画やモノを考えていくデザイン思考を実践するにあたっては、不可欠な姿勢だと思いました。

プロトタイプに使えるツール

このチャートはプロトタイプの様々な場面を示したものです。日本のビジネス現場においては、完璧を求める性格が強くプロトタイプは、モックアップと呼ばれる数百万円以上のお金と数カ月の時間を費やすものを指すことがほとんどです。これは、機能に忠実で外観も完成形に近い、右上の最終形プロトタイプを指していることがほとんどです。しかし、これを作るにはここまでたどり着かずに死んでしまうアイデアがたくさんあるのも事実です。

それに対して、機能や価値が忠実に再現されているかどうかという実現性、と、外見のデザインが最終形に近いかという解像度という視点で、完成度を下げることで、スピードとコストを下げていくプロトタイプを作るというのがデザインスクール流で

様々な種類のプロトタイプ

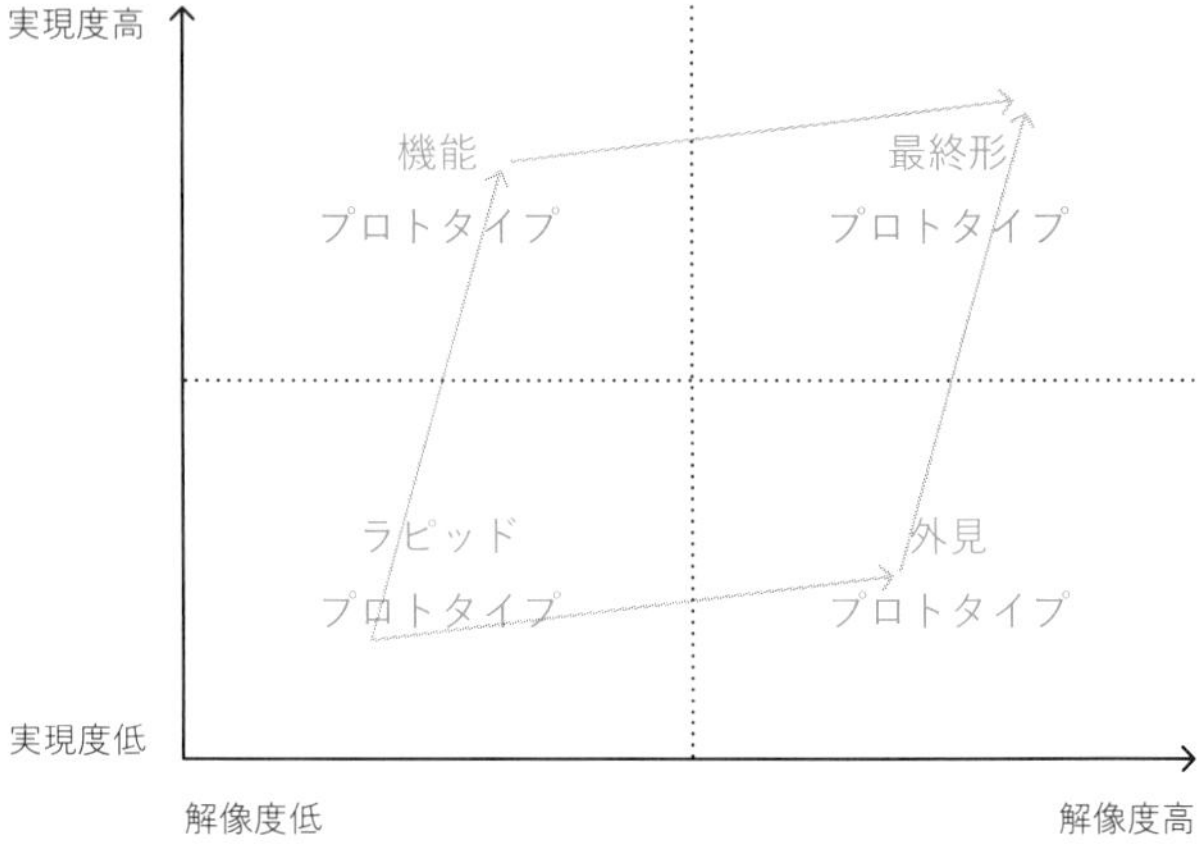

様々な種類のプロトタイプ

す。

まずは、実現度も解像度のどちらも完成度の低いものをラピッドプロトタイプと呼びます。これは、アイデアを手書きでスケッチしたものや、紙とペンと近くにある素材を組み合わせてUIや、外見をプロトタイプするようなものがあります。

次に、機能プロトタイプは、実現性だけを上げていくもので、サービスのウェブページを作り、コーディングをしないでユーザー体験を再現するサービスプロトタイプや、ビジネスモデルのプロトタイプをしていく方法があります。、逆に、外見、つまりプロダクトの3Dや、グラフィックを最終形に近い形に落としていく外見プロトタイプのようなアプローチもあります。

いずれにしても、最初は左下のアイデアスケッチから始まり、1週間ごとに少しずつ鯉の滝登りのようにビジュアル化したり形にすることでアイデアの解像度を高めたり、使用シーンやビジネスモデルを作ることで実現性を高めていく短いサイクルを回すと、1~2カ月で思ってても見ないスピードで形になっていくものです。

そのうち簡単にできるプロトタイプのメソッドをいくつか紹介しましょう。

ポスト・イットや紙にポンチ絵でアイデアのイメージを具体的に描く

アイデアスケッチ

アイデア出しをするときに、通常はポスト・イットに「写真のクラウドサービス」などのように文字で書いていくのですが、この方法を取りません。Ａ４半分サイズに切った紙に、「商品やサービスの具体的なイメージ」や「ユーザーがそれを使っているシーン」をポンチ絵にして描いていくというものです。全員が見える壁などに貼り出しながら、他の人の考えた絵からさらに発想して考えるのがコツです。ポンチ絵があるだけでも、一気に具体性が増します。

これは、ポスト・イットや紙をムダにしてしまう勇気があれば、誰でも実践できます。

いったんブレーンストーミングをして新たなアイデアができたら、もう一歩踏み込んで、具体的な商品やサービスのイメージを綺麗に描いてみるのが次の段階です。

これにはコツがあります。いったんA4サイズのポスト・イットや紙に書いたアイデアの上にトレーシングペーパーを敷き、鉛筆で清書した上にサインペンで清書し、スキャナーで取り込みます。さらにPhotoshopに取り込んで、この写真のように一部グレーのシェイド（影）をつけるとメリハリがつきます。これを取り込めば、パワーポイントでプレゼンするのに十分なレベルになります。

シナリオプロトタイプの例

ユーザーシナリオ

具体的な商品やサービスのイメージが湧いたら、今度はここにユーザーの使用イメージを入れていきます。通常は4コママンガを用いて、起承転結で表現します。

絵を描くのが苦手な人の場合は、自分たちでシーンを演じたものをカメラで撮り、その写真に吹き出しでセリフを入れていくような形で作ることもできます。

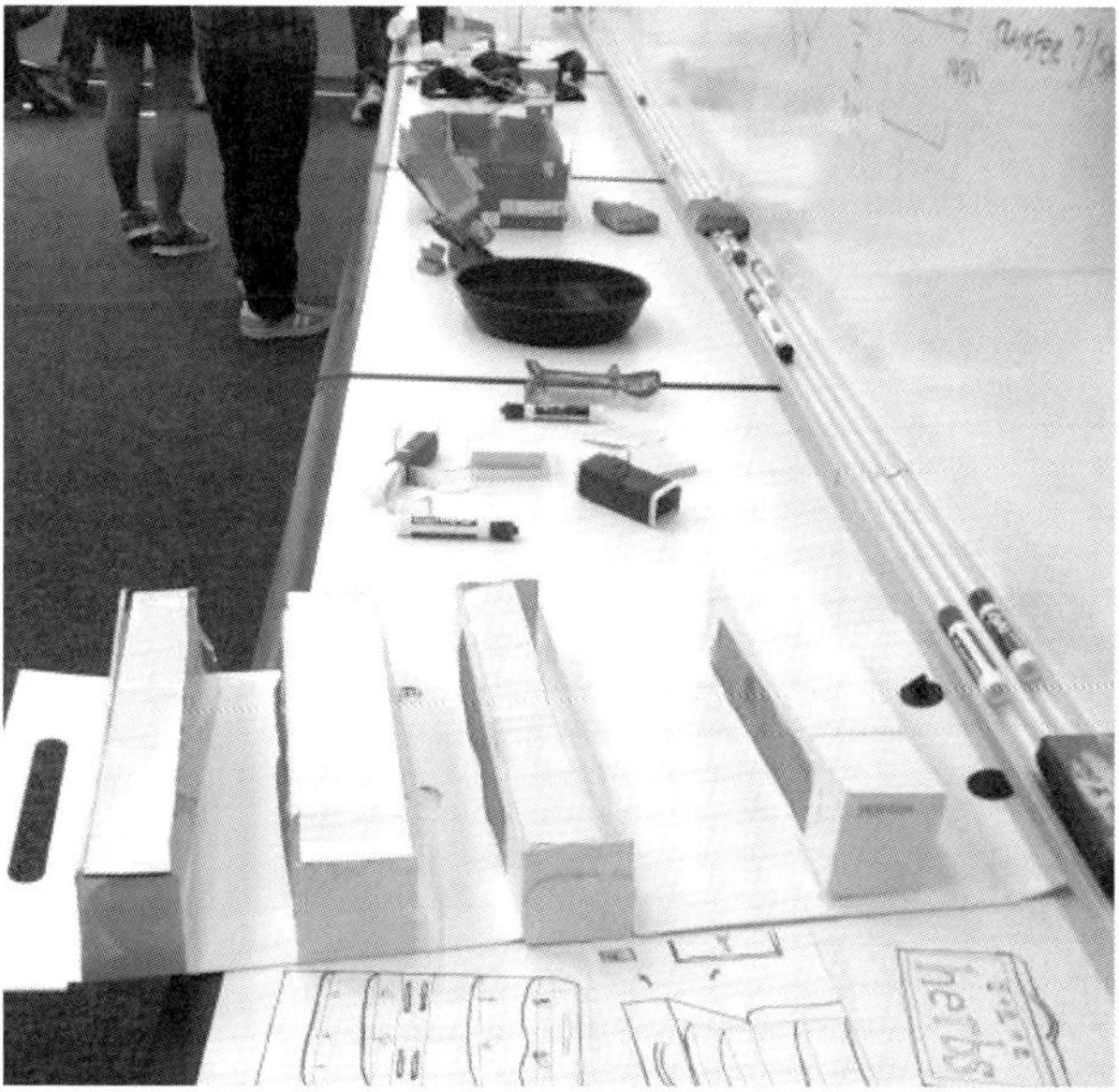

フランケンプロトタイプの制作風景

フランケンプロトタイプ

いったんユーザーが使っているイメージが湧けば、商品の形状をありものの素材の組み合わせで表現します。多くの場合は、紙や段ボールを使ったり、１００円ショップで購入できるものの組み合わせで作るのがよいと思います。具体的に持ってみたり触ってみることで、実際に自分の生活の中でどのように使われているかイメージが湧くようになります。

コラージュプロトタイプの例（Aaron Otani 作）

ロールプレイ

一度、商品やサービスのイメージが湧いたら、いったん作ったユーザーシナリオとフランケンプロトタイプを使って、実際に仲間でその商品やサービスが使われている日常の1シーンを演じてみることで、具体的にユーザーがどんな気持ちになるか、どんな体験が必要かのイメージを持つことができます。

コラージュによるムードボード

ある程度、ユーザー体験のイメージが湧いたら、商品やサービスの世界観をもっと具体的にするために、ユーザーが感じる気持ちを写真で表す「ムードボード」を作成したりします。感情やブラン

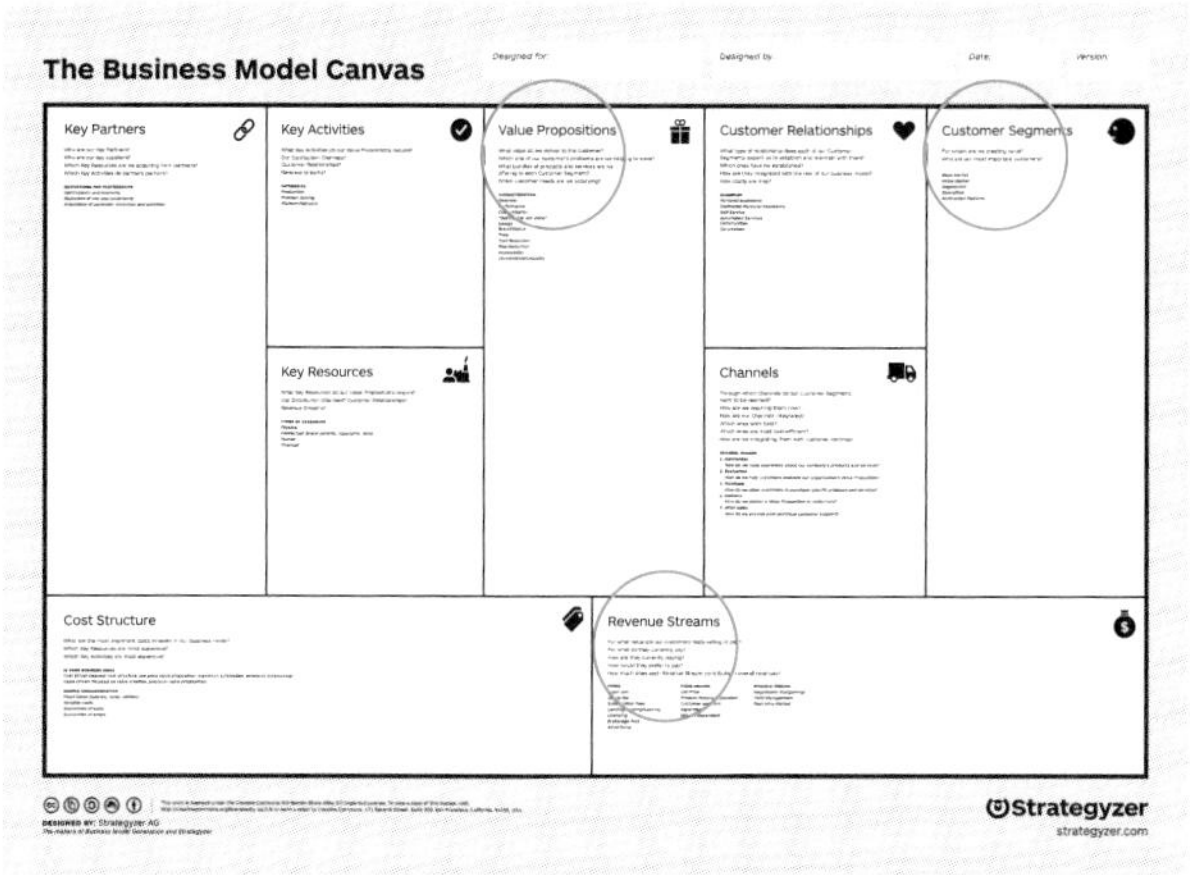

ビジネスモデルキャンバス（Strategyzer.comよりダウンロード可能）

ドイメージなど、共有することが難しい感性的な体験のプロトタイプをするのに使える手法です。特に、Google 画像検索や、Pinterest の写真検索で写真を集めてくるとよいです。

ビジネスモデルキャンバス

ユーザー体験、商品やサービスのイメージがだいたい固まったら、ビジネスモデルとして回るかどうかの検証をします。これには、アレックス・オスターワルダー氏が考案した、世界中で使われているビジネスモデルキャンバスがとても効果的です。

まず、9つのキャンバスのうち、真ん中のユーザー価値と、右側のユーザーセグメント、右下の収益モデルを埋め、それを実現するため、他の要素を埋めていくところがポイントです。

不完全を受け入れ、カオスな状態を楽しむ

プロトタイピングメソッドの授業のもう1つの学びが、宿題で出た内容を教授を含め全員で議論するクリティーク（批評）のやり方です。

当然、作品は不完全なものなので、ビジネスの世界のように「改善すべき点を挙げていく」とキリがありません。

まずは、「作ったアイデアのどこが良くなりうるか？」を、ものを見ながらチームで議論していきます。もともと制作者が意図していたこととは違う意外な魅力が発見されたりもします。

次に、「その良いところが引き立つようにどうやって改善すればいいのか」という点を議論していきます。

この考え方は、ビジネスコーチングの世界のポジティブフィードバックの“YES,

AND”とも近い考え方です。それは、基本的には「良いところ」を探す、そして良いところを伸ばす方法を一緒に考える、というものです。

プロトタイピングメソッドの授業では、教授のマーティンが、常にニコニコしながらどんなにヘタな作品でも「ここが素晴らしい！」と言ってくれるキャラクターだったことも大きかったですが、どんなリーダーでも率先して作品の良い部分を見つけ、その上で改善する方向を示していけば、作り手がさらに具体的に良いものを作りたいと思うサイクルが回るようになります。

デザインファームＩＤＥＯの共同創業者の１人ビル・モーグリッジも、そのような人だったそうです。すでに亡き彼ですが、亡くなる間際に入院した病院の病室が殺風景だったのを、「この景色のあの部分が美しい」といって、どんな場面でも良いところを見出す姿勢を最後まで失わなかったという逸話があります。これは、クリエイティブを引き出すリーダーのあり方として重要なことだと思います。

デザインの世界はビジネスに比較して、仕事や物事の進め方が柔軟なことが特徴です。常に不完全で、カオスな部分を残した状態で、プロジェクトが進んでいくこともあります。

たとえば、最初にプロジェクトのスケジュールを切ったとしても、状況に合わせて柔軟に見直し変更を加えるのは普通のことですし、最初に立てた仮説も大胆に壊していきます。常に落としどころをイメージして仕事をするビジネスマンからすると、ちゃんと成果がでるのか、とても不安になる要素でもあります。

ＩＤでは、何が正しいとか、何が間違っているかという価値判断は企画段階ではほとんど行われません。価値判断つまり収束は、制作物やアウトプットに対してされるものです。逆に、議論をするときはとことん発散させ、いろいろな刺激からヒントを得ることが目的の場合がほとんどです。

そのため日々の議論も、構造的に理解するよりもその中からヒントを探すことを目的にしてなされていることが多くなります。

逆に、全体像をしっかり理解するつもりでいると、その状態はたいへん緩く、とてもカオスで不安にすら感じられるものです。

しかし、実はそのような状態こそ、新たなアイデアが生まれやすくなっている場でもあります。むやみやたらに「明確にする」だけではなく、そのカオスを意図的に作り楽しむ、という心構えもときには重要な考え方だということを学びました。

EXERCISE 2

アイデアスケッチ

アイデア出しを行った中で、特に具体化したいと思ったアイデアが実現されたシーンをスケッチすることで、より具体的なアイデアになります。Ａ４のコピー用紙を10枚用意して半分に折りＡ５サイズに切って下さい。コツは、あまり考えずに、手を動かしてポンチ絵を描いてみることです。失敗しても構いません。紙はムダに使いましょう。

ぜひ、実際にアイデアスケッチワークをしてみましょう！

アイデアスケッチワークの手順1～4

手順１：ユーザーの体験シーンをポンチ絵で描いてみる
手順２：ターゲットユーザーを記載する

EXERCISE

アイデアスケッチワークシート

アイデアの名前　ターゲットユーザー：

ユーザー価値：

アイデアの名前　IoTooth　ターゲットユーザー：離れて暮らす母親と娘

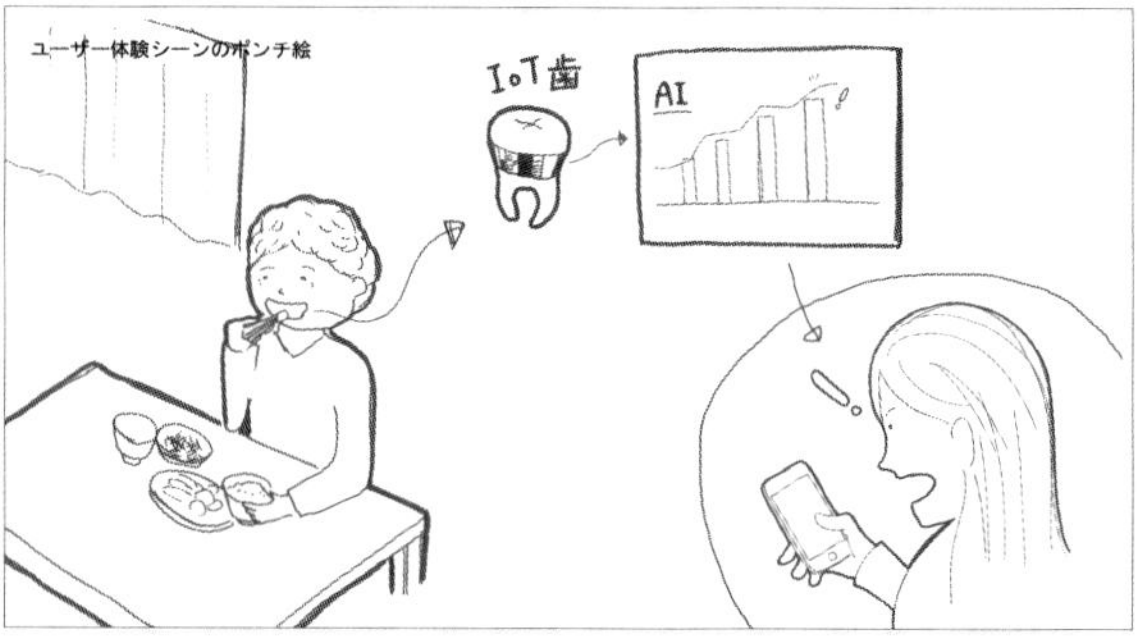

ユーザー価値：母が健康的な食事を取っているか確認できる。

手順3：ターゲット価値を記載する
手順4：最後にアイデアに名前をつけてみる

いかがでしたか。アイデアをビジュアルでブレストすることで、より具体的なアイデアになったのではないでしょうか。実際にユーザーが利用するシーンが具体化されるため、細かいアイデアも拾いやすくなるというメリットもあります。

日本企業に実はあったデザイン思考

私は、科学的マーケティングで有名な消費財メーカーであるP&Gから、イノベーションDNAで知られていたソニーに移った際、そのカルチャーの違いに新鮮な驚きを覚えました。

それは、直接的には企業や職場特有のものですが、経営共創基盤（IGPI）共同経営者（パートナー）の冨山和彦さんが日本企業のことを「ゲマインシャフト」や「ムラ社会的共同体」と表現しているように、その背景には日本企業に独特のカルチャーや特徴があると感じました。典型的な特徴は次の3点です。

- 現場主義、現物主義　現場を知っている人が大事という考え
- 人の繋がりを大事にした上で仕事をする。いろいろな人を繋げて、ボトムアップで仕事を前に進める
- 単独の目標にフォーカスするのではなく、人や環境に合わせていろいろな目的を同時に達成しようとする

逆にいうと、外資系メーカーの文化はこの対極でした。

- マーケットの全体観を知り、データで語れる人が偉いという考え
- 組織図を理解した上で、最もパワーがある人を落として仕事を前に進める
- 何かのアクションをするときには1つの目標に絞って徹底的にフォーカスすべし

デザイン思考がどのように発揮されているかという視点で捉えると、情報を統合し戦略意思決定を行うという価値創造をトップから要求され発揮している外資系のトップダウンの文化に対して、日本企業ではむしろ、一部のリーダーのみならず社員が現場の情報をもとに価値創造を求められていることが特徴であり、逆に言うと現場からの変革の余地があるともいえます。

column

トヨタの「カイゼン」は、ボトムアップ型のイノベーション文化の象徴的なものです。「カイゼン」をGEが「シックスシグマ」として翻訳したように、実はデザイン思考はかつてのソニーをはじめとする日本企業の現場で実行されていたことが、欧米で再解釈・フレームワーク化され、いま逆輸入されているのではないかと思うことがあります。

ソニーを創業当時から知っているマネジメント経験者の方に話を聞いたところ、1970年代のソニーでは、全社でKJ法（LESSON4のコラムで解説）を実施していたといいます。

ただし、過去の日本の〝デザイン思考〟になかったものがあるとしたら、現場の知恵や発想を自分が信じる主観的で強烈な価値観や世界観をもとに統合して世界に提示していくということではないでしょうか。これは、欧米のキャッチアップを終え成熟国家になった今だからこそ、新たに始めるべきことだと思っています。

LESSON 3：プロセス

創造的問題解決の羅針盤

計画を立てるのに必要なコストはどんどん上がっているのに計画自体はそれほど正確でも有益でもありません。しかし強力なコンパスを持つことで目指すべき方向がわかりました。地図よりもコンパスを。

伊藤穰一（元MIT MediaLab所長）

より良い生活を実現するための課題を解決し作る

ＩＤに通う学生のデザイナーの中には、一流のデザインファーム出身の優秀なデザイナーが何人かいました。彼らに共通するポイントは、自分のアイデアをプレゼンするときに、必ずといっていいほど「私が解決したい課題は……（the problem I would like to solve is)」という言葉から話し始めるということです。

並のデザイナーは、制作そのものを仕事にしているので「今回僕が作ったのは……（What I worked this time is)」と言いたくなるものですが、優秀なデザイナーは必ず、「課題解決」をデザイナーの仕事として捉えているのです。

デザインは、それだけで世界を良いものに変えることができるような大きな変化をいきなり生み出すことは難しくても、日常の課題を確実に解決することで、世界を〝ちょっと良いものにし続ける〟ことなら可能です。

ですから、デザイナーにとっての課題解決とは、ユニークな視点で課題を発見し、具体的に解決策を作りだすことです。つまり言い換えれば、デザイン思考のスキルはあくまで世の中の課題を解決するために使われ、そのために自分が小さな課題を確実に解決していくためのものです。

また、デザイナーは「人類にとってより良い生活は何か？」という視点を常に持って、課題解決にあたることも特徴です。ウェアラブルセンサーや人工知能など、新たなテクノロジーを、ビジネス的な視点でのみ捉えるのではなく、日々の生活を良くするためにどのように使うか、という視点で考えます。

たとえば、テクノロジーをよく知る人であれば、ウェアラブル技術はテクノロジーを「コンピューターが人の体に溶け込むまで日々携帯できるようになる技術である」と認識されていると思いますが、デザイナーの視点では「情報爆発の中で困っている人々の、情報処理のストレスを減らしてあげるためにどのように使うか？」という課題に捉え直して考えます。

デザイン思考はもともと「人間中心デザイン」とも呼ばれていましたが、人間中心という概念に込められた魂とはより人間らしい生活を構想し、それを実現するためにデザインの力を使う」ということです。

特に、テクノロジーやビジネスサイドの市場変化のロジックだけではなく、人々のより良い生き方の姿を提示することで、より一般的に受け入れられやすい解決策に翻訳するのも、デザイン思考の背景にある創造的問題解決をする上の心構えとして大事です。

羅針盤としてのデザイン思考プロセス

このユーザーの課題を創造的に解決するためのプロセスが、デザイン思考の羅針盤ともいうべき「デザインプロセス」です。これはあるテーマにおいて、人の生活から独自のユニークな課題を発見し、創造的な切り口で解決していくためのコンセプトを作ったり、具体的な解決策を具現化したプロトタイプを作るための方法論です。

デザイン思考というと、「ワークショップをしながら、人の行動観察、アイデア出しをして、プロトタイプを作るやつでしょ?」というイメージを持つ方もいらっしゃるかもしれません。

日本では、スタンフォード大学が提唱している「5ステップ」が有名です。

IDEOやfrogをはじめとしたデザインコンサルティング会社で、未来ビジョンの策定、新規サービス開発などのコンサルティングプロジェクトに広く使われているアプローチでもあります。

ＩＤで学ぶデザイン思考のプロセスも、同様のステップを経るものです。これらのプロセスを、実際に本物の企業をクライアントとする〝デザインコンサルティング〟のプロジェクトを実践することで学びます。

では、そもそもデザイン思考が実際のビジネスに役立つ場面とはどのようなものなのでしょうか？　それは、既存のビジネスの枠を超えた新たな商品やサービスの開発の必要性に迫られているときや、新規事業創造やブランドの立て直しなど、０の状態から１（ときにはマイナスからの１かもしれません）を作りださなければいけない局面です。そのような場合には、課題が明らかではない場合が多く、また、必ずしも「こうしたら成功する」という勝ち筋が見えているわけでもありません。

どこに向かうかを全員が共有していないタイミングで、チームで課題を発見し、自分たちが解決できる切り口を見つけて、解決するアイデアを具体化するプロセスは、ステップ１、ステップ２、ステップ３という形で明確には進みません。

迂回しながら、試行錯誤しながら、前に進んでいく必要があります。

そのため、アプローチの仕方も、従来のＭＢＡ的なフレームワークよりも柔軟性の高いものが求められます。

実際にプロジェクトを進めてみると、このデザインプロセスの型は、「いま自分たちが知らない何か新しいものを暗中模索の中で作りだすための、チームにとってのコンパス」として機能します。コンパスは、自分たちがいる位置によって指し示す方向が異なります。先が見えないチームにとって、これからどっちの方向に向かえばいいかを指示してくれるガイドのようなものです。

よく「デザイン思考のステップ通りにやっても良い結果に繋がらないんだけれど、どうしたらいいのですか?」という相談を受けるのですが、デザイン思考のプロセスは、ステップではなく、何度も行き来を繰り返して質を上げていくものなので、同じガイドでも地図というよりは羅針盤に近いものです。

その際に重要なのは、次の2つのモードを振れ幅大きく行き来することで、課題や解決策を次第に具現化していくことです。

1　具体と抽象の振れ幅

Aさんの日々の生活の物語を集めたり、アイデアの具体的な利用シーンや細部のこだわりを考える「具体」と、チームとして見つけた潜在ニーズの中から本当に大事なインサイトを決めたり、チームとして解決していくユーザ

―課題を再設定するという「抽象化」とを行き来すること

2　現実と未来の振れ幅

ユーザーが今どのような生活をしているかを代表とした「現実の世界を知る」ことと、自分たちの内面に向き合いながら作りたい世界を構想して「未来を形にすること」とを行き来することとデザインプロセスは、この2つを行き来しながら図のように4つのモード（リサーチ、分析、統合、プロトタイピング）をぐるぐる短時間で何度も回し、デザインする商品やサービスをどんどん具体的なものにしていくサイクル型で進めることで、不確実な状況下で柔軟に対応できるようにします。

日本企業にはトヨタのカンバン方式に代表されるように、伝統的に現場主義で、現場でやってみて（＝リサーチ）、その上で改善したモノを作ること（プロトタイプ）を繰り返すという志向性が強くあります。具体的な現場を調べて、改善策を作ることを繰り返すわけです。これは、すでに存在しているプロセスなりプロトタイプを改善していくのに非常に長けています（1→∞にしていくプロセス）。

0→1のプロセス

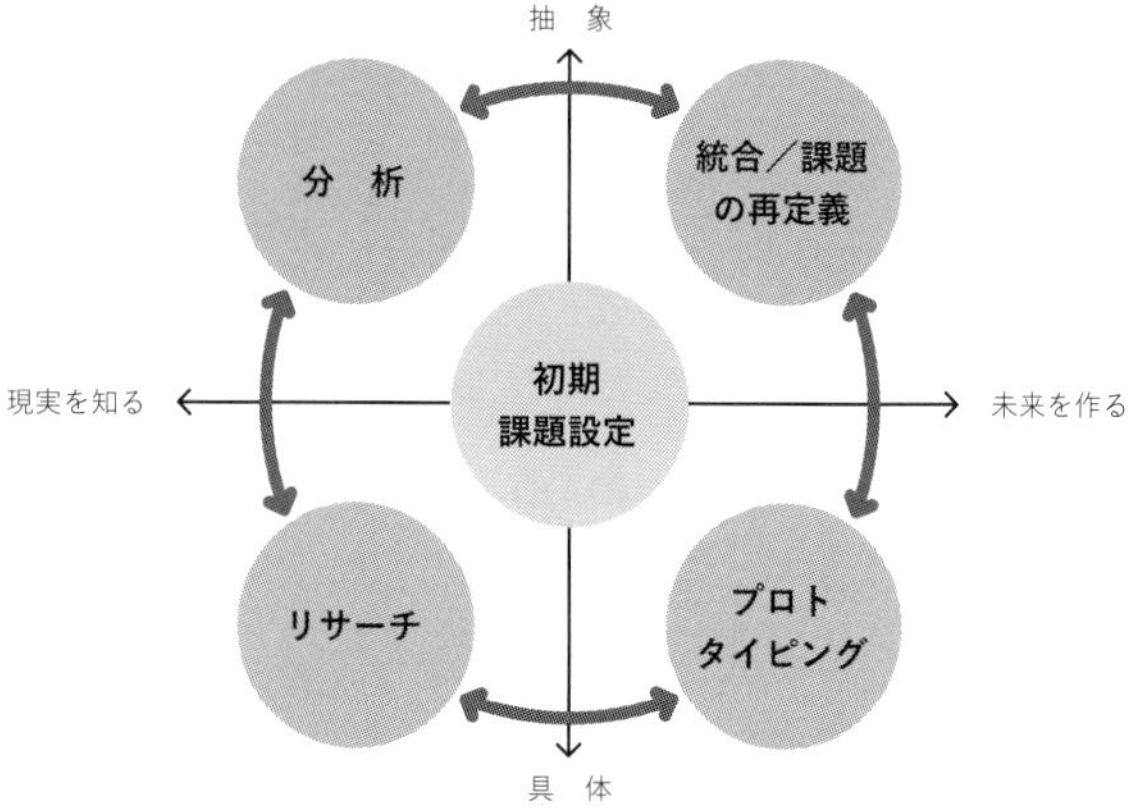

それに対し、デザイン思考の特徴は何を作るかが決まっていないときに、リサーチを行って得た具体的なインサイトを、分析、統合という抽象的なプロセスでコンセプトとして凝縮した上で、プロトタイプを作り上げるやり方です（0→1にしていくプロセス）。

なぜそんなに面倒なことをあえてやるのかと思われるかもしれませんが、これには理由があります。

デザイン思考によるデザインプロセスを実践する目的は、「人の生活に寄り添った商品やサービスを、ゼロベースで発想する」ことです。自分の生活実感に根差したアイデアを、とりあえず形にしてみるというやり方もありますが、一方で

1→∞のプロセス

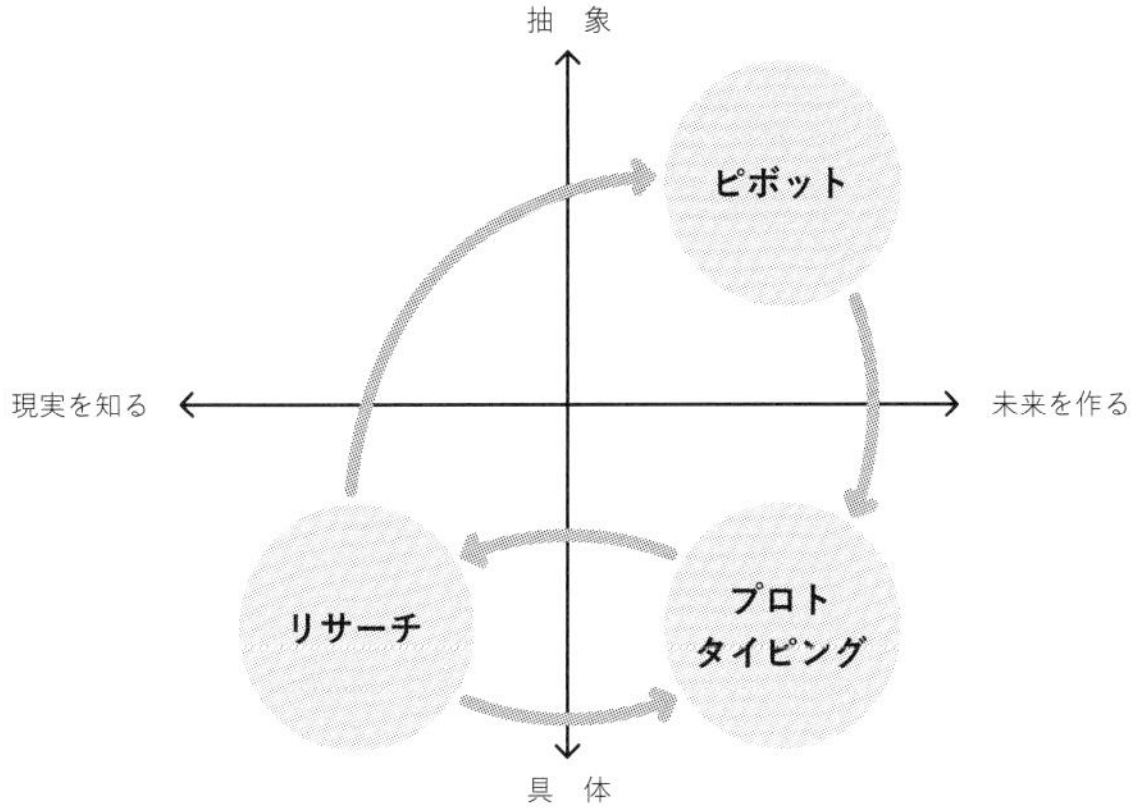

はニッチになってしまう可能性もあります。

リサーチ、分析、統合というプロセスを経ることで、自分たちが無意識で持っていた思い込みを壊し、ユーザーに寄り添った商品やサービス、チーム全員の向かう方向を同じく設計することができるようになります。

たとえば、「シニア向けのスマホをデザインする」というお題が出されたとき、普通に発想すると「文字が大きく、常に居場所がわかる機能を搭載する」というアイデアが出てくると思います。しかし、実際にインタビューを進めてみると、「いつまでたっても現役で活躍できるような、生活をサポートしてくれるスマホがいい」という声も出てきます。そうすると、あえて〝シニア向けのイメージを出さないスマホ〟の方がよいかもしれません。

これはあくまで一例ですが、ユーザーに寄り添った商品・サービスを作るためには、現場を見渡して、自分や組織が無意識に持ってしまっているステレオタイプを一度壊していく必要があります。「自分たちは結構ユーザーの生活を知っているから」と言う方もいますが、実際にデザインリサーチしてみて「やっぱりそうだった」と言っているのを見たことは一度もありません。

デザイン思考は、自分がそれほど詳しくない新しい分野の企画を考える上で、ユーザーの生活感を肌で理解し、よりユーザーの生活を良くする商品・サービスを作るための非常にパワフルな方法論です。

基本となるアイデアが特定できると、今度はそれをリーンスタートアップやアジャイル開発などのように、高速でプロトタイプをつくり、お客様に見せながら率直な意見をもらい、改善していくというサイクルに繋げることができます。

MBA型マーケティングによる商品開発プロセスとの違い

ちなみに、P&Gなどの組織で通常使われている、いわゆるMBA型のマーケティングにおけるユーザー理解を徹底的に行った上で商品開発をする左脳的なアプローチと、デザイン思考の商品・サービス開発のアプローチは、表面的には似ている面もありますが、実際はまったくの別物です。最初に、典型的な企画とデザイン思考による企画の違いについて解決しましょう。

以下の図にように、通常の企画はトップダウンで企画のテーマが落ちてきます。たとえば「スマホとデジタルカメラを融合した新たな体験」という感じです。すでに存在する技術を使ってできることを考え、その仮説を検証するためにターゲットユーザーにフォーカスグループインタビューと呼ばれるようなインタビューを行います。その結果をもとに仮説を微修正して、最終的にエンジニアとスペックを詰めるようなものです。

それに対し、デザイン思考による企画の場合は、自分自身の生活の中にあるちょっとした違和感に意識を向けたり、自分の周りにある面白いことを始めた友人や知り合いがやっていることを出発点にします。

通常の企画プロセスと、デザイン思考による企画プロセスの違い

よくある企画	デザイン思考
上から落ちてくる スコープ（スマホ×カメラ）	自分の周りや、トレンドリサーチ による課題発想
▼	▼
仮説検証のための ターゲットユーザーへのリサーチ	課題探索のための 先進ユーザーへのリサーチ
▼	▼
仮説の微修正／プレゼン	ユーザー目線での課題再定義
▼	▼
エンジニアとSPECの確定	簡易プロトタイプ作りと検証
検証型企画／ウォーターフォール型開発	探索型企画／アジャイル型

自分自身が感じている違和感や、あえてちょっと変わったことを始めた人は、その背景には無意識に感じている課題＝ニーズや、やりたいれけどできないこと＝ウォンツを感じています。人よりも先進的に課題を感じ実践している人の生活について深い理解をすることで、生活者目線で課題を発見します。実際にユーザーの生活目線で欲しいものをイメージし、得たヒラメキから手を動かして形に落としてみるというやり方です。

検証型で企画し、ウォーターフォール型に開発するのが今までの企画だとしたら、探索型で企画し、アジャイル型で開発していくのがデザイン思考だといえま

す。では、どのようなプロセスでデザインしていくのかを見てみましょう。

デザイン思考プロセスに存在する4つのモード

デザイン思考は、目、耳、鼻などの五感の感覚器、右脳左脳などの頭、そして手足という全身をフル活用する方法論ですが、各モードで使用される身体の感覚器は異なっています。

モードを切り替えるといってもなかなかイメージしにくいと思いますので、本書では図のように4つのモードをイラストで表現してみました。

リサーチ、分析、統合、プロトタイピングの4つのモードは、旅人、ジャーナリスト、編集者、クラフトマンにたとえられます。

- 旅人（リサーチ）

まず、旅人のように非日常の場を訪れ、体全体を使って現場を感じ、好奇心を持ちながら普段自分が知らない世界に徹底的に浸ります。その非日常で感じ

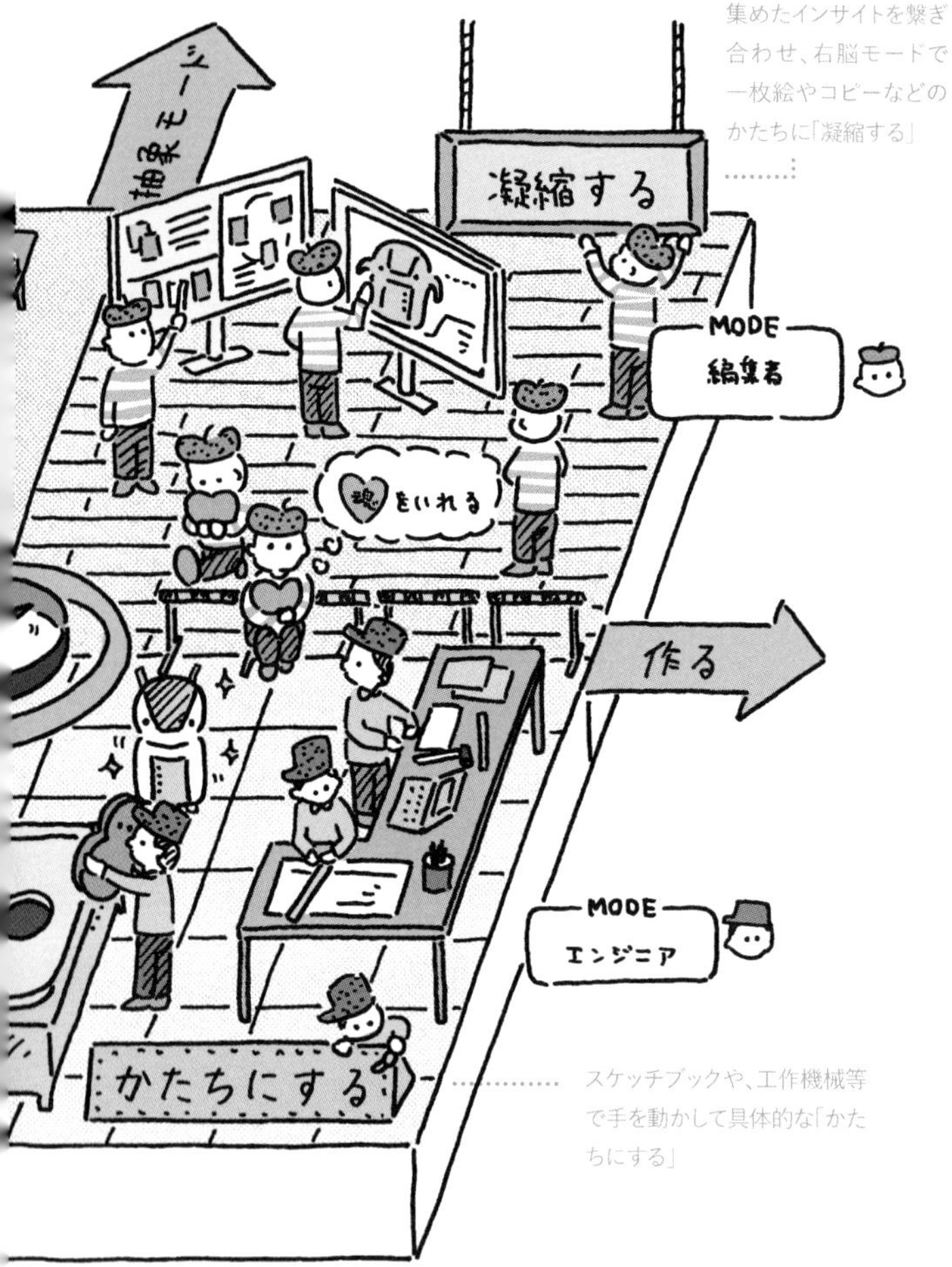
集めたインサイトを繋ぎ合わせ、右脳モードで一枚絵やコピーなどのかたちに「凝縮する」
抽象モード
凝縮する
MODE
編集者
魂をいれる
作る
MODE
エンジニア
かたちにする
スケッチブックや、工作機械等で手を動かして具体的な「かたちにする」

デザイン思考プロセス

記録したノートや写真、動画映像の膨大な情報を仲間と一緒に左脳を使って「消化」
消化する
MODE
ジャーナリスト
知る
MODE
旅人
知的好奇心に素直に、目や耳、口、鼻を使って、現場の雰囲気を「感じる」
浸る

た興奮を残しておくために、必死でメモを取ったり、写真におさめたりします。旅人といっても、事前にあまり予定を決めすぎず、現地で知らない場所を歩き回ったり、そこで出会った人との語りをブログにアップする旅人のイメージです。

- ジャーナリスト（分析）

　旅から帰ってきたら取材後のジャーナリストのようにその旅の内容をメモや写真から振り返り、正しく伝えられる事実と自分なりに感じた解釈を左脳を使って分析し、腹に落として消化します。

- 編集者（統合）

　自分が旅で得た様々な事実や新たな切り口を刺激にしながら、ユーザーが生活の中で困っていることや価値観を、雑誌編集者のように切れ味鋭いキャッチコピーと、印象的な写真を使って1枚の絵で表現します。『AERA』などの雑誌をイメージしていただくとわかりやすいかもしれません。

●エンジニア（プロトタイピング）

最後は、イメージした世界観の中で実在したらいいなと思える商品やサービスなどのアイデアを、クラフトマンのように手を動かしてカタチにして実現するというものです。

工作好きな理系の人のイメージですが、ＤＩＹ好きなお父さんや、創意工夫のある主婦のようなイメージでもあります。

これらの4つのモードを切り替えながら、ユーザーが抱える問題をデザインの力を使って解決をしていくことが、デザイン思考を実践するチームに求められるスキルです。

しかし、旅人であり、ジャーナリストであり、編集者でもあり、しかもエンジニアリングもすべて1人でこなす人はなかなかいるものではありません。

ですから、いずれかのスキルを持った人が集まってチームとなり、チーム全体として上記のような頭の切り替えができるよう、フェーズごとに得意な人がリードして、プロジェクトを進めていくことが、デザイン思考のプロジェクトを回していく上でとても重要なのです。

実際、IDでチームを組む場合は「リサーチ好きの人（リサーチ、分析モード）」「デザイン好きの人（統合モード）」「つくるのが好きな人（プロトタイプモード）」に分かれ、バランス良くチームを組んでいました。

では、具体的にそれぞれ4つのモードとはどのようなものでしょうか。

- 旅人のモードになるには

目や耳、口、鼻を使って、現場の雰囲気を「感じ」ます。できるだけ多くの具体的なイメージを五感で感じ、目の前のユーザーの生活に共感します。

感じたことを記録としてできるだけ多く残してください。カメラやメモを活用します。

- ジャーナリストのモードになるには

旅人のモードで記録したノートや写真、動画映像などを、左脳を使って「消化」します。ここでは、事実と解釈をしっかり分け、リサーチで得たことをしっかりとデータ化することが重要です。エクセルのシートや動画アップロードのサイトを活用します。

- 編集者のモードになるには

ジャーナリストのモードで得た様々な刺激から、世の中を自分たちのユニークな切り口で表現して提示します。ここでは、右脳を使うことがポイントです。受け手の視点を変える新たなスローガン、比喩、イメージビジュアルなどを駆使し、皆が普段知っている世界に新たな額やフィルターをかけて提示することが重要です。ここでは、ポスト・イットと模造紙、そしてコンセプトを伝えるコピーライティングと、写真、イラストなどを活用します。

- クラフトマンのモードになるには

新たな世界観において求められる商品やサービスのアイデアを世の中に生み出すため、手を動かして具体的な形にします。ここでは、スケッチブックやパソコン、工作機械、基盤、３Ｄプリンターなどのプロトタイプ道具が主なツールになります。

魂を入れる部分

このプロセスの中で、1つ特筆すべき関門があります。それは、編集者とエンジニアの間にある、「デザイン課題を特定し、魂を入れる」ところです。

デザイン思考プロジェクトでは、自分たちのユニークな見方でユーザーの課題を発見するまで、つまり編集者のモードまでは、主語がすべて「ユーザー」です。それに対して、自分たちが解決するデザイン課題を決め、エンジニアに移行する段階で、主語が「自分たち」に変わります。

デザイン課題が「他人のため」で自分ごとになりきっていないチームのプロジェクトは、イノベーションを実現するために待ち受けている様々な課題に打ち勝てず自然消滅してしまうことが多くなります。

魂を入れるには、しっかりとスローガンなどを作って言語化するのがポイントになりますが、そのためのパワフルな質問文のフォーマットがあります。

それは、"How might we ……" という形で始まる、自分たちを主語にしてデザインチームの解決すべき課題に魂を入れるというものです。

ビジネスの場面ではよく、「……が課題である」という課題定義がなされることが多いと思うのですが、デザイン思考では「我々はどうやって……を実現するか?」という書き方でチームの宣言文（ビジョン）を作ります。「言葉は世界を作る」といいますが、良い宣言文はチームの創造力に火をつけることになりますし、自分たちが主語の質問を作ることで、チームの意思に魂が入るのです。

実際のデザイン思考プロジェクトの進み方

実際にどのようにプロジェクトを進めていくのかのイメージを持っていただくため、『101デザインメソッド』（英治出版）の著者としても有名なヴィジェイ・クーマー教授によるIDの人気のクラス「プラニングワークショップ」を1つの例に、それぞれのステージで起こったことについてご紹介します。

このクラスでは、実在のクライアントに対する3カ月の実践型デザインコンサルティングを行います。クライアントと働きながら、人間中心デザインプロセスによる提案をひととおり、体験することができます。

プロジェクトのテーマとして、いくつかのクライアント企業の課題テーマが示され、学生はその中から興味のあるテーマを選び、新たなサービスを提案します。

私が参加した授業には3つのテーマがあり、私たちのチームは世界的に有名なCADのソフトウェアを制作する会社の「クラウド時代におけるデザイン教育とは」をテーマに選びました。

チームのメンバーは私の他に、シカゴの有名なデザインリサーチ会社でのキャリアがある日系ポーランド人のダグラスと、P&Gの本社R&D部門で働いていたパトリシアでした。2人ともかなりのキャリアの持ち主です。

それぞれのプロセスでどのようなことを学んだのかを、授業の記録をもとに見てみようと思います。なお本書での事例は、特別な言及がない限り、このCADの会社に対するデザインコンサルティングの演習に関することです。

課題特定のための初期リサーチ

自分たちが取り組む切り口の背景を理解する

最初の2週間は、初期課題特定のためのプロセスに取り組みました。「初期」としているのは、まだユーザーの問題を発見するための仮設定の位置づけであるためです。

ＣＡＤソフトのクラウド型デザイン教育プラットフォームを作るというテーマに対しては、まずはプロジェクトの背景を理解するために、企業のデザイン部門の部長との電話会議からスタートしました。

その結果、将来ソフトウェアがクラウドで動くようになるという技術的変化を捉え、この変化をユーザー目線でデザインすると、どのようなソフトウェア体験を作る必要があるのかが、彼の問題意識のきっかけだということがわかりました。

デスクリサーチをしてトレンドの全体像を把握する

まずはチームとして深掘りするリサーチのテーマを決めるため、様々な角度からのデスクリサーチがスタートします。このプロセスは、いわゆる通常のマーケティングリサーチや、コンサルタントが行う初期的なデータリサーチと同様です。主にインターネットを情報源として、クラウドビジネスの業界の動向や、クライアント企業の市場の動向などを分析しました。

ＩＤでは、基本的にリサーチテーマの分担はしますが、それぞれが学んでいることを常にリアルタイムで見える化しながら進めていく、コラボレーションの働き方が一

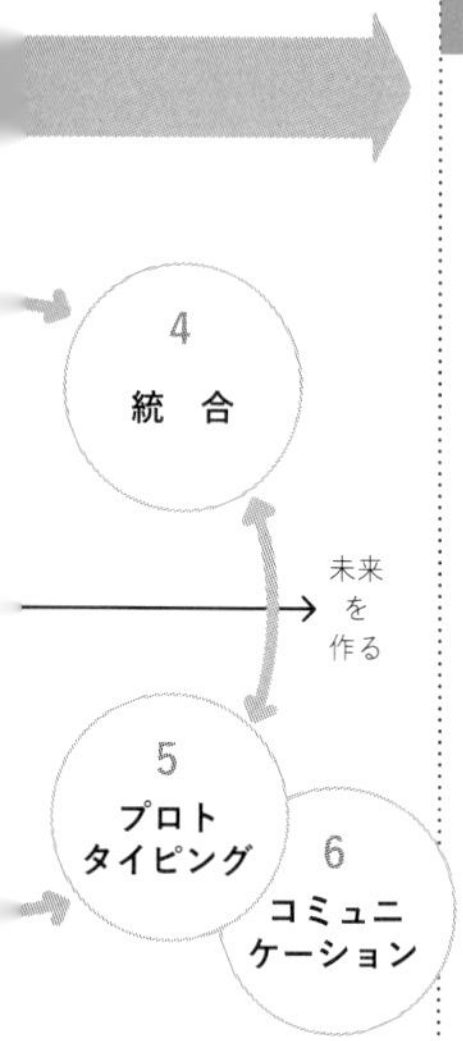

4　インサイトの統合と課題の再定義

フレームワーク作り

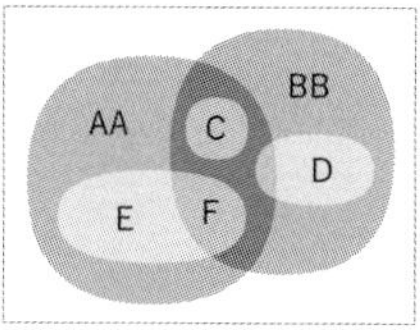

主な学びを抽出し、それぞれの関係性を図示する

デザイン課題特定

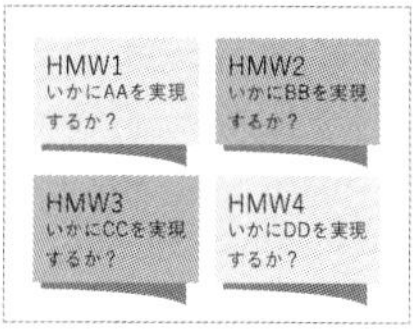

How Might We......形式で、重要なインサイトに対するデザイン課題を「チャレンジ」の形式で表現

ポンチ絵による解決アイデアのブレーンストーミング

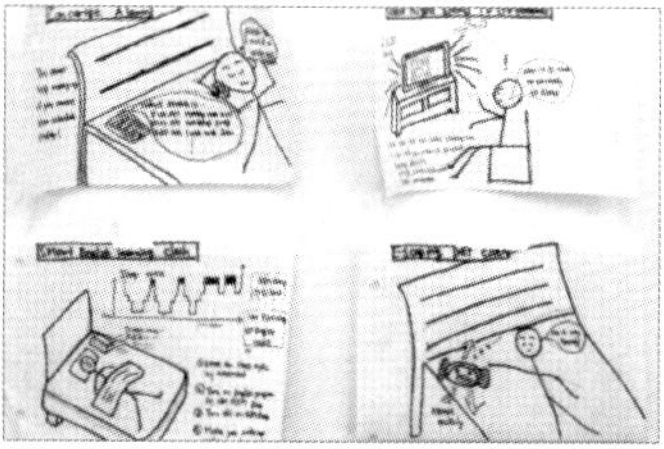

上記課題に対する解決アイデアを、ポンチ絵の形式でブレーンストーミングをする。重要な機会についてのインサイトをより伝えるために、解決策もともに提示する

5・6　解決策のプロトタイプコミュニケーション

プレゼン＋ワークショップ

クライアント参加型ワークショップ形式によるプレゼンをすることで、インサイトを体感してもらう

様々なプロトタイピングのツール

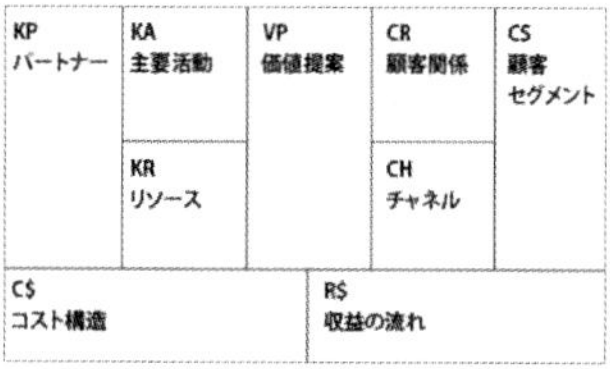

ビジネスモデルとして回るかどうかを検討する。加えてビデオ、ポスター、カードなどによる視覚、体感に訴えかける伝え方を工夫

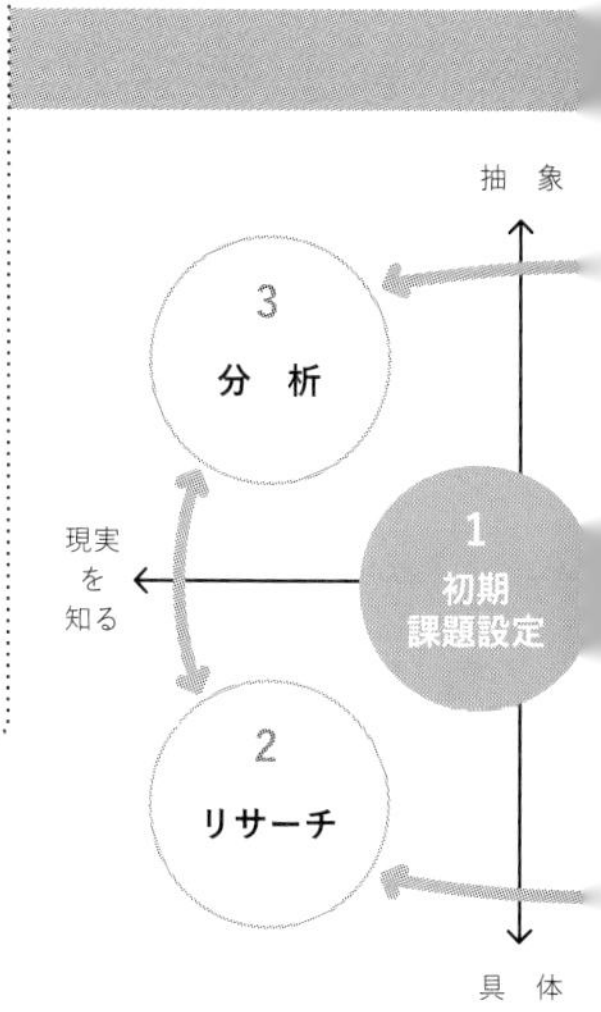

3 チームみんなで分析

Co-analysis

デブリーフィング生コメントのポスト・イット＋写真を素材として、一人ひとりのインサイトをチームで分析

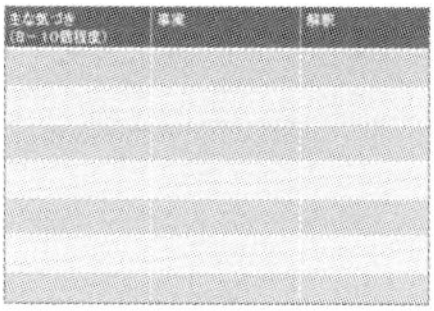

デブリーフィング

リサーチ終了後、その場で学びをまとめ、Googleドキュメントで全員に共有

2 リサーチ（フィールドワーク）

訪問観察調査

理想的には20件ほどの訪問観察調査。写真、ビデオ撮影、ノートが主なデータソースとなる

Online interview

Google+ Hangouts+Screen Flowによるオンラインインタビューとそのレコーディングも補完的に使われる

1 課題特定のための初期リサーチ

トレンド分析

	過　去	変　化	未　来
技　術			
人			
文　化			
ビジネス			

歴史分析

	時代1	時代2	時代3
年　代			
ユーザー			
用　途			
技　術			

過去、現在、未来や歴史の視点から、体験の本質的意味を見直し、初期課題を特定

般的です。

いくつかのデスクリサーチの切り口を決めたところで、ミーティングをしながら、Google ドキュメントを使い、各自のデスクリサーチの学びをまとめるためのフレームワークを作っていきます。

市場の動向についてはおなじみの3C（Consumer：消費者、Copetitor：競合、Company：自社）、環境変化についてはPEST分析（Politics：政治、Economy：経済、Society：社会、Technology：技術）を使うところは、普通のマーケティングリサーチの進め方と同様です。

「デザイン教育」の歴史を追っていく時代分析や、「クラウド」を過去、現在、未来で分析するトレンド分析などのフレームワークを活用しました。時代分析やトレンド分析は、時代が長期的にどのような方向に流れているのかという視野を持つのに役立ちます。

時代分析は、「そもそも、なぜこのようなサービスが必要なのか？」と本質に戻って考えるものです。

トレンド分析は、世の中に起こっている様々な変化の中で、今のカテゴリーを破壊するようなイノベーションの種を探したり、ビジネスモデル、テクノロジー、生活者

歴史分析のフレームワーク例

	過去				現在	未来
時代の名前	時代 1	時代 2	時代 3	時代 4	時代 5	時代 6
年代						
主なデバイス						
ユーザー価値						
新たな価値を提案している兆し						

トレンド分析のフレームワーク例

	過去	現在	未来
生活者			
テクノロジー			
ビジネスモデル			

（デザイン）のどのサイドにイノベーションが起こりそうかの仮説を立てるのに役立ちます。

歴史分析、トレンド分析ともに、他の文献で手法の進め方は説明されていますが、デザインスクール流のやり方では、Dropbox でグループの共有フォルダにそれぞれのメンバーがリサーチ結果を保存し共有していくことが特徴的でした。

「デザイン教育を変える可能性のあるトレンド」という広いテーマで、みんながリサーチし、探してきたイメージを写真で共有することになりました。

写真を集めるリサーチの方法は、私もそれまでやったことがなかったのですが、具体的な商品やサービスの世界観がイメージしやすくなるため、おぼろげながら新たなサービスをイメージしやすくなると感じました。

また、それぞれのチームメンバーの趣味趣向が出やすいので、チームとして議論を進めていく上での土台づくりとして役立ちました。

リサーチテーマの仮説だし

これらの前提知識をもとに、リサーチで問いかけるテーマを決めました。

今回のリサーチでは、大きなトレンドとして(1)プロ用ソフトウェアのフリー化、(2)

コミュニティによる学び合いの流れが起こりそうだという初期リサーチの結果、以上の2点から「SketchUp などの無料で手軽な3D CADソフトウェアが出ている中、難しく挫折しやすいプロ向けのソフトウェアを習得しやすい学習体験に変えていく必要があるのではないか」という仮説に行き着きました。

初期課題の設定のステージのまとめ

最初のステージは、ビジネススクールと同様、いかに短い時間で大事な情報をフレームワークを使って共有、整理するかというスキルのトレーニングでした。今回のプロジェクトでは1週間という短期間で情報を集めました。

一方で、探していく情報の種類は、歴史やトレンドの事例を数多くのビジュアルで収集していくため、ビジネススクールのスタイルとは異なっていました。

ビジュアルデータでリサーチを進めることは、リサーチの質を一気に高める良い手法だと考えます。デザイナーであっても、戦略コンサルティングファームのアナリストのような分析のスキルを発揮することができます。

一方で、ビジュアルではまとめにくいように思う方は、トレンド分析や歴史分析のフレームワークを活用し、文章でまとめても構いません。

デザインリサーチ

次に、デザインリサーチのプロセスでは、ユーザーのニーズを理解すること以上に、「ユーザーの気持ちに共感できるようになる」ことや、「自分とは違う生活をしている人たちの生活文脈を感じる」ことが大事になります。

いかに「自分たちの今の世界から飛び出て違う世界を感じるか」というマインドセットがとても大事です。

自分たちは、どんなことで困っている人の生活をどのようにしてよくしてあげられるのだろうかという具体的なイメージをチーム全体で持てたら、大成功といえるでしょう。

ここで注意したいのは、市場に存在するニーズを探ってくるのと同時に、「どんなものを作ったらよいのか」というイメージのインスピレーションを得られるリサーチ体験を設計するということです。

通常のマーケティングリサーチは、公平性、中立性を期すために、対象のユーザー選びの基準を厳密にするなど、できる限り再現性のある方法を取ります。これに対し、デザインリサーチでは「デザインをする際のヒントを見つけること」が目的なので、もう少し緩く設定します。

「どういうものを見たら楽しそうか」という自分たちの直感や、意志などもリサーチの企画の際に入れ込むことが大事です。

リサーチの企画

まずは、どんなユーザーが最もヒントを与えてくれそうかを考えていきます。たとえば、

1　新たなサービスをほしがっているターゲットユーザーは誰なのか
2　そのサービスをすでに自分なりに工夫して作っているような、トレンドを先取りしているユーザーは誰なのか
3　その分野に詳しい専門家は誰なのか

というような3つの視点で、リサーチ対象の属性や条件をまずは自分の周りの人か

インタビュー相手を4象限にまとめる

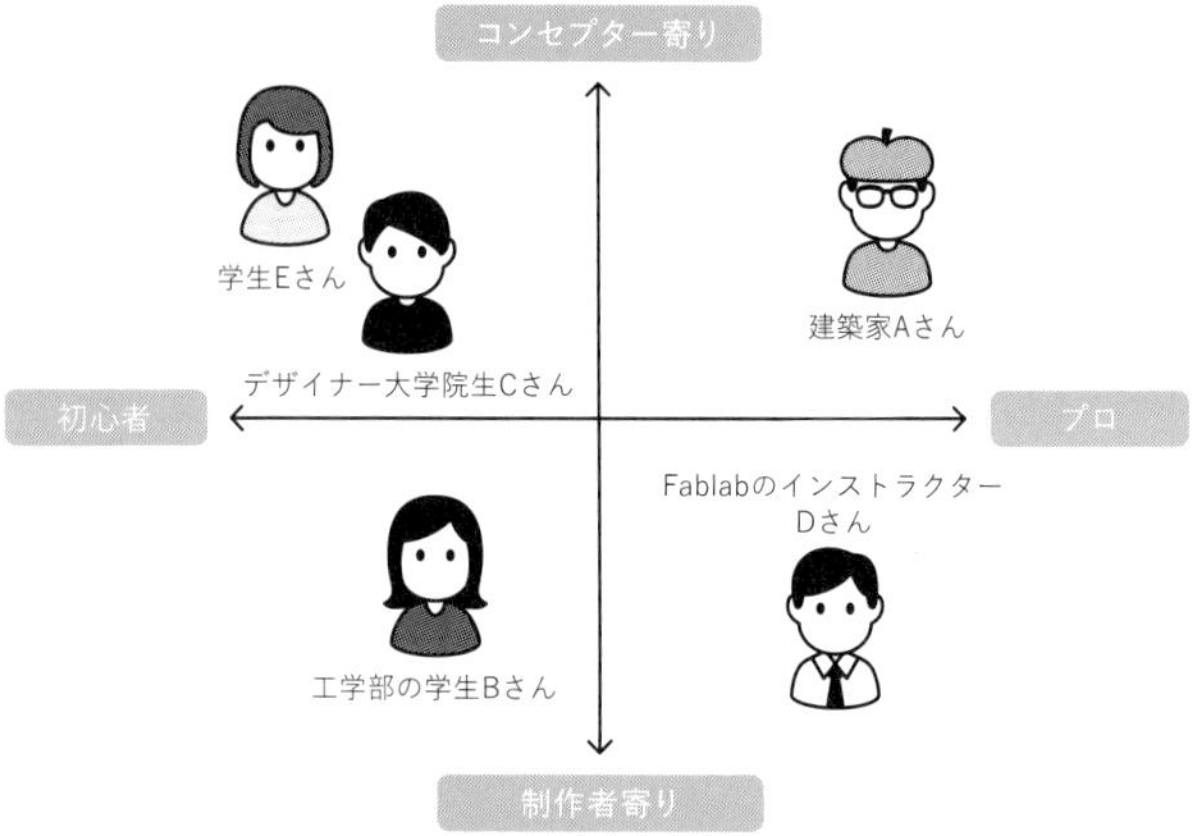

らイメージします。ここで面白いのは、「具体的な人」から先にイメージを膨らませていくことです。通常のマーケティングでは、「20代〜30代、男性、○○好き」という形で基準を決めてからリサーチに入ることが多いのですが、ここでは身のまわりの具体的な人のイメージからスタートするのです。

いったん、候補をチームでリストアップしたら、それを図のように4象限にプロットしていきます。初期の段階ではできるだけ幅広く、効率的に聞けそうな人を挙げるのがいいでしょう。

デザインリサーチでは、「できるだけ極端な」ユーザーを見つけてリサーチするので、どんなことに極端な人をリサーチするのか洗い出すためにも、この4象限は有効です。一度軸を決めたら、4象限のいちばん極端なユーザーから順にリサーチしていきます。

3D CADに関わる今回のリサーチでは、プロの建築家やゲームプログラマーのような超プロのユーザーから、3Dプリンターに興味を持っている程度の初心者まで、熟練度に大きく差がありそうなユーザー像となりました。

また、CADを利用するシーンも、製品のデザインをつくるパターン（最終製品に近い）と、建築の模型を作るために使う場合でもかなり違いがありそうです。

そのため、横軸には「初心者⇕プロ」、縦軸には「デザインだけするコンセプター⇕制作者」を設定しました。

最終的には、どれだけ本格的にソフトウェアを学ばねばならないかによってニーズが違うはずだという仮説を立て、16人の様々なユーザーのインタビューと3つの大学の授業やデザインスタジオの観察などのリサーチプランを作りました。

インタビューの実践

次はインタビューです。FGI（フォーカスグループインタビュー）を多用するマーケティングリサーチと異なり、デプスインタビューと呼ばれる1対1のインタビューや、それに観察を加えたエスノグラフィーが多く使われます。

また、こだわりの強いエクストリームユーザーを選んだり、その分野のトレンドを熟知しているエキスパートインタビューを多用するのも特徴です。

まず、リサーチで最低限カバーすべき質問内容を考えて質問紙を作成し、だいたいユーザー1人に対しリサーチャーは2人ペアで、1時間ほどのインタビューを行います。

インタビューの内容は、そのユーザーの基本情報、1日の生活パターンから始まり、どのようにしてデザインを学んだのかの歴史を時系列で書いてもらい、それぞれのプロセスでの課題について詳しく聞きました。最後に、彼らが考える理想のデザイン教育についてアイデアだしをしてもらいます。

3D CADの演習では、4人のチームメンバーが手分けして、2人1組のチームに分かれ、合計20人のインタビューを行いました。基本的に必ずスチルカメラとビデオカメラを持っていき、その環境やその人の話を全て録画します。

インタビュー相手が遠くに住んでいる場合、複数人が同時にビデオで参加できるGoogle+Hangouts を活用し、スクリーンを録画しながらインタビューをしました。

インタビューが終わると、簡単に Google ドキュメント上にまとめシートを作成

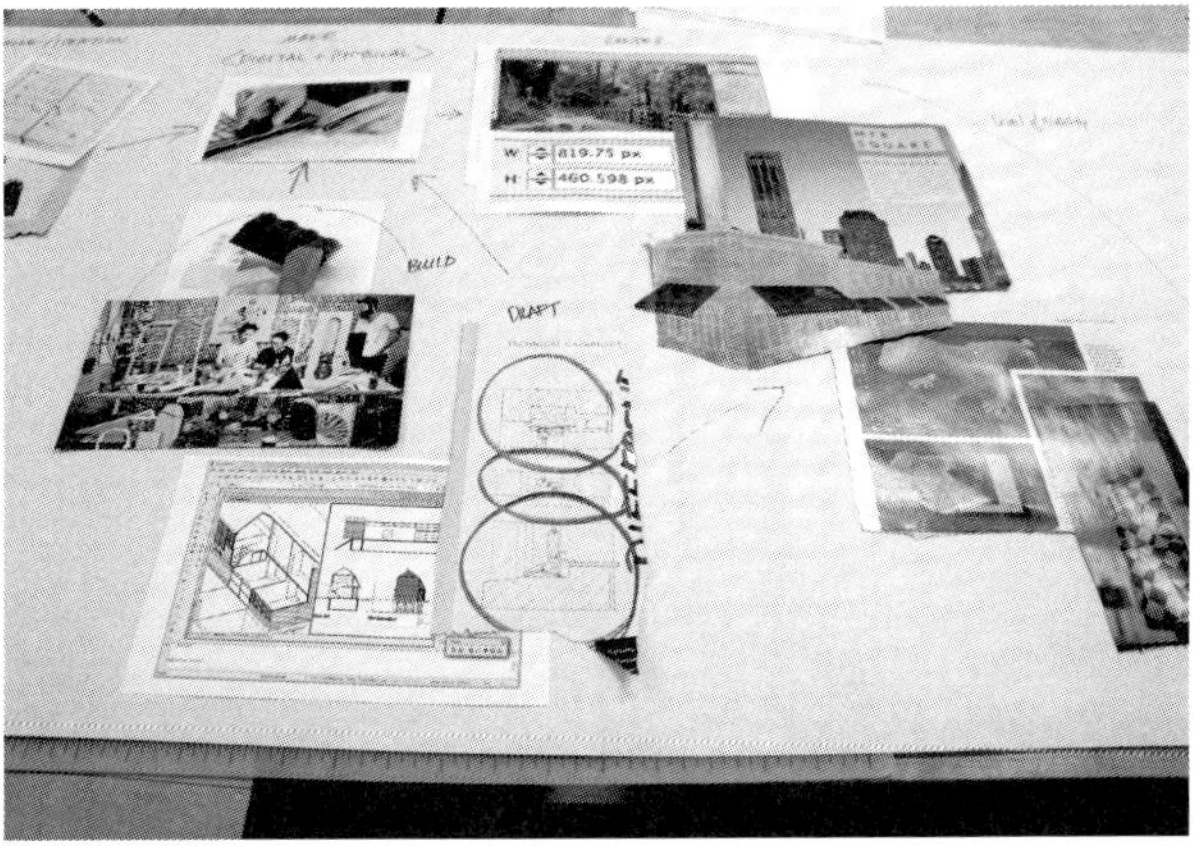

コクリエーション・ワークショップにより制作プロセスを写真で表現してもらう

し、近くのカフェで主な気づき、学びだけを先にまとめてしまいます。

また、インタビュー中に撮ったビデオはオンラインのビデオ共有サイトにアップロードし、ビデオのタイムライン上にタグをつけてコメントを残していきます。これは後のステージで生きてきます。

ポイントは、リサーチの気づきをチームで振り返ったのちに、後で加工しやすいように物理的にデータ化することです。実際にはポスト・イットを使って、学びは黄色、気づきは青というように、色を変えて記録していきます。

やってみるとわかるのですが、1時間のインタビューでの学びをちゃんと書き出すと50〜100にも及びます。膨大な数の学びがありますので、記録の仕方をしっかりルール化し、その場で記録し、「安心して忘れられるようにする」という習慣を作っていきます。

リサーチの最後には、20人のインタビュー先から建築、デザイン、エンジニアの代表として1人ずつに集まってもらい、ワークショップ型リサーチを行いました。

それぞれの分野で、プロジェクトが始まってからどのようなステップでデザイン作業を進めるかというテーマで、彼らの日常でCADを使っている場面のステップを振り返って大きな模造紙に書いてもらい、その作業のイメージに近い写真を貼っていってもらいます。素材としては、事前に用意した雑誌や、写真の切り抜きを使ってもらいました。

模造紙にでき上がった流れを発表してもらい、なぜそのイメージを選んで貼ったのかを深掘りしたり、それぞれのステップで特に困っていることをヒアリングしていきます。

このように、ビジュアルなどの刺激物を用意し、彼ら自身に作ってもらう形のリサーチをすることで、頭の中で行われていてとても見えにくい〝デザイン〟の作業が、外から見ても具体的にイメージできるようになります。

リサーチプロセスのモード

リサーチは、何より好奇心です。現場での経験を楽しみ、ちょっとした細部にも目を配り、興味を持ったことには質問を繰り返す旅人のようなモードで過ごすと良い気づきに出会えます。

リサーチに行く先を考えるときも、旅の企画を立てるように「どこに行ったら楽しいかな？」「会いたい人は誰だろう？」という視点から選びましょう。

旅行に行ったら、全てが新しく、変なもの、細かいものにもカメラを構えてしまうと思います。それと同じように、お宅訪問をしたら、ユーザーの部屋だけではなく、ちょっとした置物などもその人のキャラクターを表すヒントとして写真を撮っておくのが良いリサーチです。また、現場で意外な出会いがあることも多いので、あまり事前に予定を決めすぎず、柔軟に対応することも必要になると思います。

分析

分析プロセスとは、リサーチの段階で得た膨大な「新たな情報」を、チーム全員でしっかり消化し、「気づき」に変えていくステージです。

分析というと、1人でじっくり時間をとってエクセルとにらめっこしながら、資料を作るというイメージをもたれると思います。デザイン思考での分析は、リサーチの写真や学びのノート、Googleドキュメント上でのまとめを、チームみんなで共有し、意味合いを一緒に出すのが特徴です。

ワークショップの授業では、3人で手分けして20人にも及ぶリサーチをしました（最初は2～3人でやるだけでも効果的です）。

情報をチームで消化するプロセス分析

ここまでに、それぞれのインタビューでの主な気づき、膨大な写真、ビデオ上の印象的なコメントを挙げてきましたので、これらを全てプリントアウトした上で、4時間の分析ワークショップで、ユーザーインタビューのまとめに入ります。4時間使えるミーティングルームを取り、大きな模造紙とポスト・イット、ペンを用意してスタートです。

ここのポイントは、たくさん模造紙を貼って、一目で見られる広いスペースを確保することです。

まずは、インタビューの主な要点を担当した人が話しながら、その主な気づきをポスト・イットに書き込んでいきます。メンバーはそこに印象的だったコメントを書いて貼り付けていくなど、新たな気づきを追加していきます。

自分でインタビューしたユーザーの話をしながら、リサーチに行っていないチームメンバーにいろいろ質問されることで、学びの質が深まります。通常このような場合では、サマリーをパワーポイントのファイルに詰め込んでしまうことも多いと思うのですが、ここでは一人ひとりが気づいた学びを1つずつ具体的に共有し、意味合いをみんなで考えることが重要なのだと思いました。

このプロセスのコツとして、学び→気づき→アイデアとそれぞれでポスト・イットの色を変え、気づきやアイデアをその場の振り返りでできるだけ出していくことです。気づきのポスト・イットがたくさん出ていれば、良いリサーチができているという証拠です。

似ている学びは1つの固まりにしてまとめ、その固まりごとに気づきが貼られていきます。この段階ではアイデア出しが目的ではないのですが、いろいろな話をしているうちにアイデアは出てくるものです。

いったん出し終えたら、Viddlr上に記録していたユーザーの生のコメントをプリントアウトして貼りつけておくことで、後でどのユーザーのコメントを基に気づきが出たのかということが追いかけやすくなります。

分析作業に役に立つフレームワーク

分析作業を行う際に役立つ手法としてオーソドックスなのは、1人のユーザーごとに模造紙を1枚使って学びをクラスター化してまとめていく方法（KJ法）ですが、この方法は自分たちで構造をつくる必要があり、難度が高い場合もあります。良い気づきを深めていくために様々なフレームワークがありますが、代表的なツールとして共感マップを紹介します。

共感マップ

様々なユーザーへのインタビューの気づきをまとめ、共感を深めるためのフレームワークの1つに、共感マップがあります。

「人の気持ち」という視点からインサイトをまとめるのに適しており、複数のインタビューを行った後で、代表的な学びをまとめるときに使用します。

特に、インタビューでは、被インタビュー者が「言ったこと」については、簡単に

共感マップ

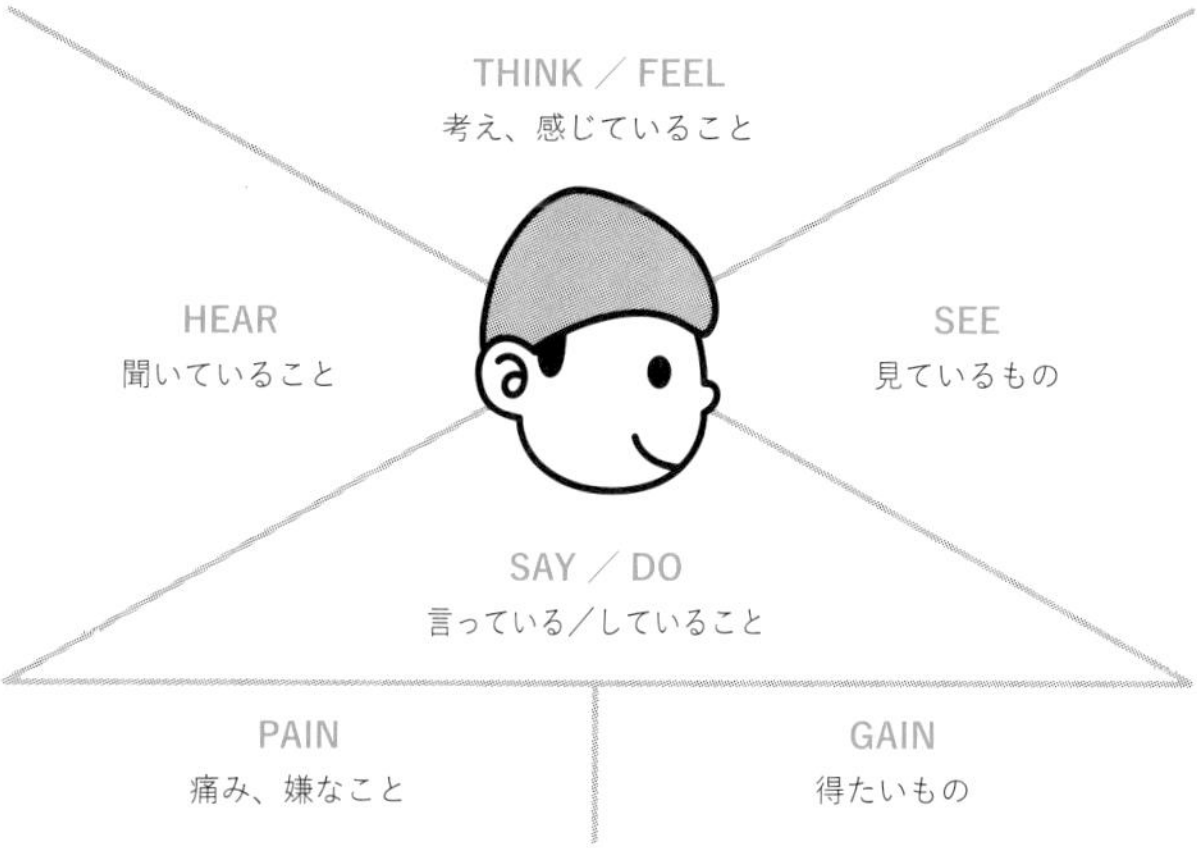

撮れるのですが、彼や彼女が実際に「見ているもの」や「聞いているもの」「考えていること」については、その場の環境の文脈をもとに改めてチームで考えてみると、表面的には見えてないピースが見えてくることが多くなります。そういう意味で、インタビューした人を中心にしてより共感を深めるためのまとめ方として、共感マップは有効なツールです。

分析プロセスのモード

分析プロセスをたとえていうならば、ドキュメンタリーの取材班が、現場取材後、その内容を共有し、ストーリーを紡ぎだす作業のようなものです。

しっかりと取材の記録素材を振り返

り、事実と解釈を慎重に分けながら、1個1個の事実を新たな角度からの気づきに変化させていきます。

統合

日本で語られない統合思考

このステップは、分析ステージで得た新たな気づきをもとに、リサーチ前には気づかなかったユーザーの生活をまとめ、その生活をよくする機会領域を特定する作業です。これは、たとえるならば雑誌の編集者が、取材した人の世界とそこから見える社会課題を独自の視点で表現するために、右脳的な思考が大事なステージです。

これは通常のビジネスではいちばん馴染みがない、デザイン思考ならではのプロセスだと思います。

リサーチをして得た気づきやその経験を、一枚の絵にまとめ、シンプルなストーリーに変えていきます。リサーチで知った新たな世界観の見立てを作り、その中から、自分たちがアクションできる機会の定義を行います。

統合プロセスの進め方

分析プロセスで全20ユーザーからのインタビューを振り返った結果、CADソフトを学ぶプロセスの中で、メカエンジニア／デザイナー、建築家／ゲームデザイナーの3つのグループで使用目的や、習得パターンが違うことがわかりました。

まずは、それぞれのユーザーごとに、構想から最終デザインまで、どのような作業をしていくのかというカスタマージャーニーマップを、気づきのポスト・イットを並び替えながらホワイトボードに書いていきます。

分析ステージでの学びから、デザインをしていくプロセスの中では、デザインを構想する「考える」作業と、実際に形にする「作る」作業、そして、アウトプットをクライアントに「伝える」という3つの作業がステージによって入り混じりながら進むことがわかりました。

そこで、メカエンジニアと建築家のそれぞれが、アイデアの構想からデザインまでの「考える」「作る」「伝える」作業をそれぞれどのくらい重要視しているかを折れ線グラフのように表していきました。そして、それぞれのグラフの変化に合わせて、何が課題になるかを書き出していきます。それぞれのプロセスにおける課題が出てくれば、自然に解決策のアイデアも出てくるため、出てくるたびにポスト・イットで加え

カスタマージャーニーマップ～ユーザーの行動を洗い出す

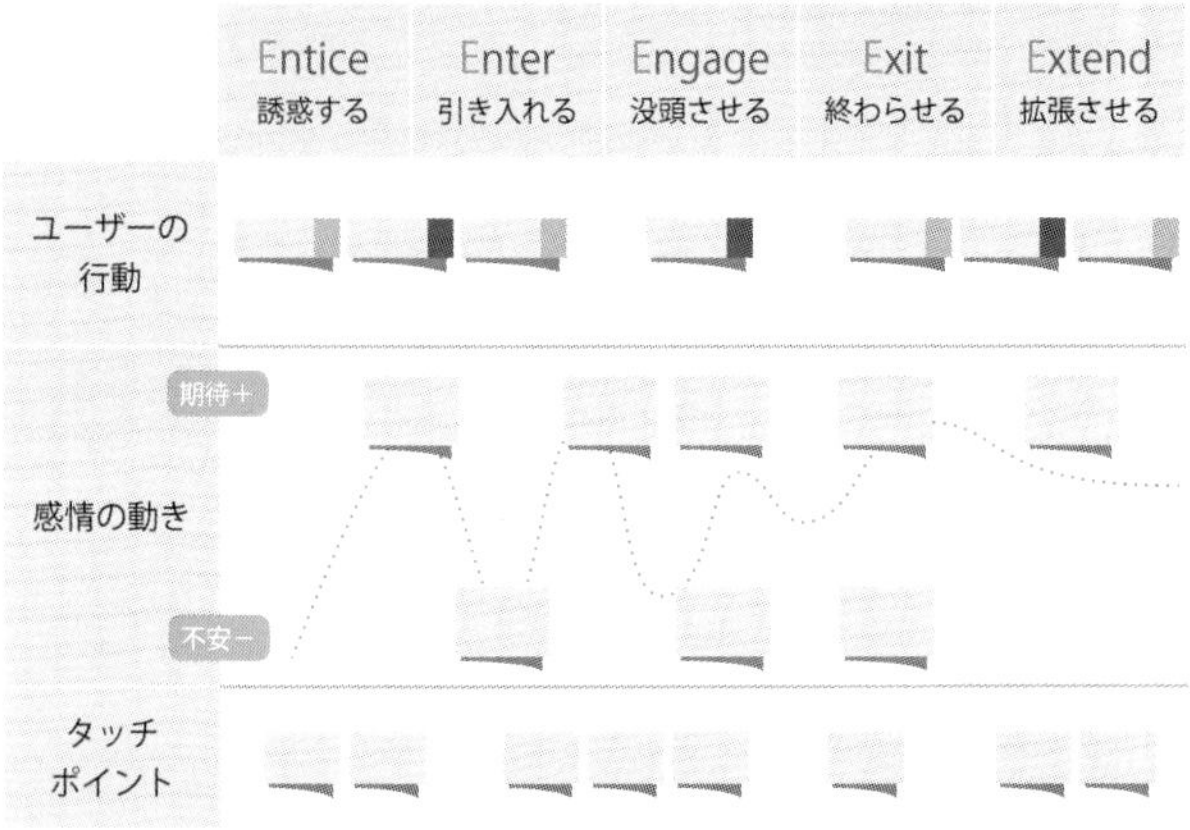

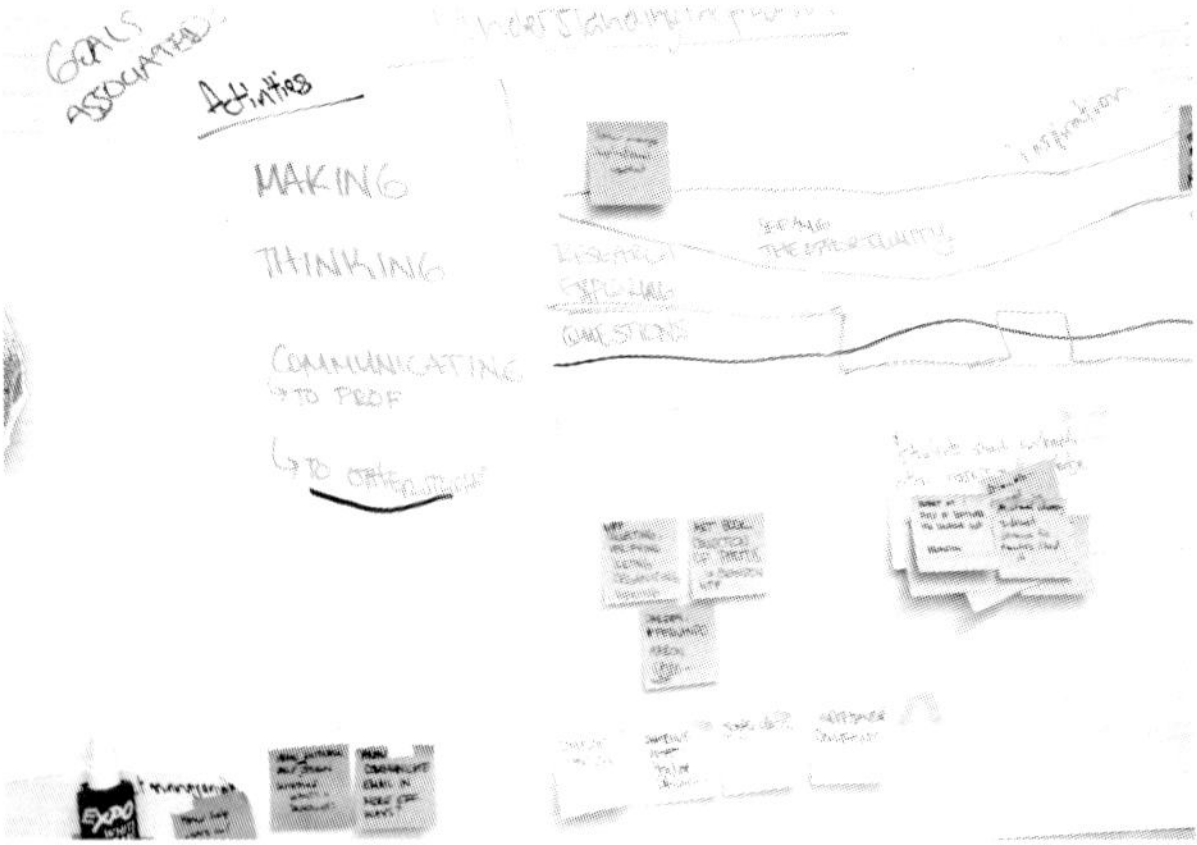

統合の最中はホワイトボード上もカオスになるが徐々に意味が浮かび上がってくる

建築家のデザインプロセス

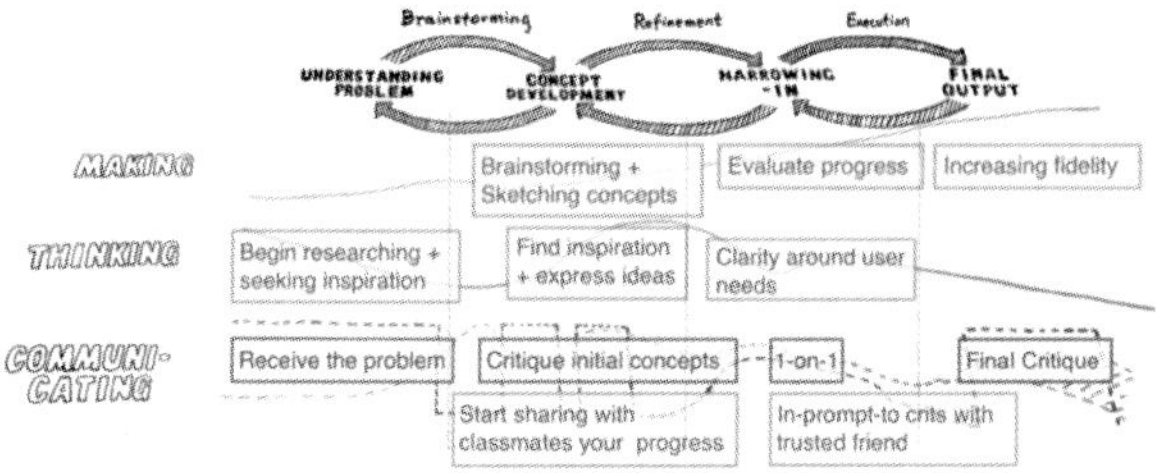

メカエンジニアのデザインプロセス

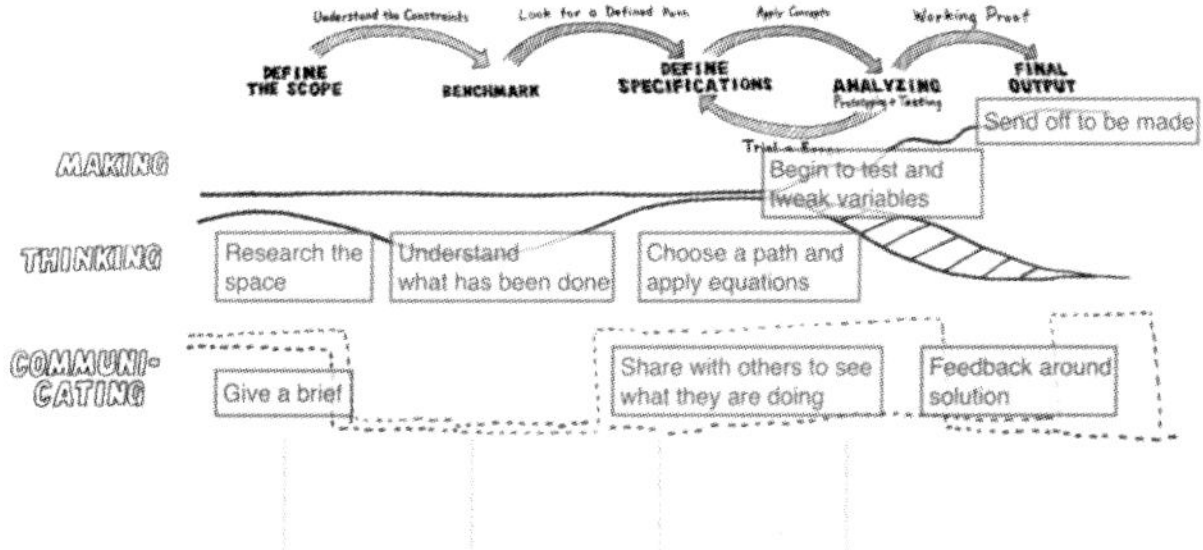

ていきます。

今回のリサーチにおいては、最終的に図のようなカスタマージャーニーマップを作り、製作以外、特に構想段階のデザインプロセス全体を見た上で、考え、作り、伝える、というデザイン作業全体をサポートする体験のためにどんなクラウドサービスが必要なのかを改めて議論しました。

たとえば、建築家やデザイナーにとってCADソフトは、単にデザイン作業をするものというより、自分がスケッチブックでメモした構想を具体化するために使ったり、その内容をクライアントとすり合わせするために使う、という用途で多く使われていることがわかりました。ここから、「建築家が構想初期にアイデアをスケッチしたものをさらに具現化する、その繰り返しのステップをいかにスムーズにするか？」「構想をクライアントとすり合わせてスムーズにコメントを返せるか？」といった、新たなサービスで構想しなければいけないユーザーの課題のポイントが明らかになってきます。

彼らは、アイデアを考える段階ではスケッチブックに手書きするアナログのステップがある一方で、デザインをしていくときにはパソコンに向かってそれを具体化しクライアントとすり合わせる、というアナログとデジタルの行き来を何度も行います。

この気づきから、アナログとデジタルの行き来をスムーズにして、よりクリエイティブな作業に集中したい、という大きな課題が見えてくるのです。

魂を入れる課題の定義

リサーチの分析から統合プロセスを通じて、ユーザーのニーズやインサイトが出てきますので、それらを課題としてまとめていきます。最終的に統合が終わった段階で改めて定義するのですが、その際にどういうフォーマットで表現するかは大変重要なことです。

2012年9月の米『ハーバード・ビジネス・レビュー』に「トップイノベーターが使う秘密のフレーズ」という記事があります。機会を定義する際には、「ユーザーの生活をより良くすることを志向した」「ワクワクするような」質問を、"How might we" という疑問文から始まるフォーマットで定義することが、チームのクリエイティビティを高めるための重要なテクニックであるという内容です。

"How might we" とは、日本語でいうと「どうやったら……できるだろう」という意味です。戦略コンサルティングやビジネスの世界では、問題解決のための課題定義として、「……が課題である」というような言葉が使われることが多いかと思います。

それと比較して、「どうやったら……できるだろう」という一文は、ポジティブなパワーがチームにみなぎる質問です。

この質問は、この後チームがブレーンストーミングを繰り返していく上で1つのコアになるものですので、できるだけチームのクリエイティビティが引き出されるような仕方で定義します。

統合プロセスは、初めてやってみると、あまりの情報量の多さと、決まったステップがないため、どちらに向かっているのか、何がゴールなのかが見えず、かなり不安になります。しかし実際には、「何が本当の課題なのか？　本質的な解決策は何か？」という単純な問いを、多くの情報からいろいろな切り口で見直す作業でもあり、終えてみるととても複雑な世界がシンプルになったような錯覚に陥ります。

よくAppleのiPodやiPhoneを引き算のデザインと言います。本当に大事な課題に集中し、他の情報をすべてそれに合わせて再構成することが、結果的にいらないものをそぎ落としているように見えるのですが、その秘訣はこの「統合」という作業を徹底的にすることだと思いました。

マーケティングでも、焦点を絞ることが大事だといいますが、焦点を絞り他を捨てるためのプロセスとして、統合はものすごく重要なステップです。

統合プロセスの進め方

ステップ	アウトプット	
①学んだ様々なデータやアイデアを一度ばらばらにして、結びつけなおし	インサイトとインサイトの関係性を示すシステム図	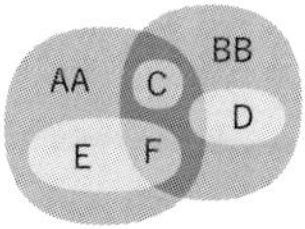
②新たな世の中の物の見方のモデル化を行い、ストーリーとして語り	新たなモデルの要素を表すフレームワークとその世界観をシンプルに表現するメタファーなどの１枚絵	
③新たな世界観における課題の定義を行う	シンプルでワクワクさせられる課題を表現する問いかけ	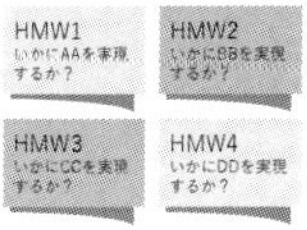

このプロセスをあえて言語化すると、次のような3つのステップに構造化できるでしょう。

1　学んだ様々なデータやアイデアを1度ばらばらにして、結びつけなおし、
2　ユーザーのものの見方のモデル化を行い、ストーリーとして語り、
3　新たな世界観における課題の定義を行う

このプロセスでは、膨大な情報をシンプルにまとめるために、アウトプットのフォーマットを工夫します。

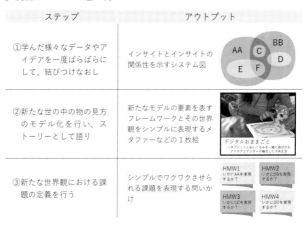

1 インサイトとインサイトの関係性を示すシステム図
2 その新たなモデルの要素を表すフレームワークと、その世界観をシンプルに表現するメタファーなどの1枚絵
3 シンプルでワクワクさせられる課題を表現する問いかけ（How might we ......）

統合作業で使えるメソッドやフレームワーク

KJ法

統合の代表的な方法論は、1960年代に日本人の川喜田二郎氏が発明し、世界に広がったKJ法です。KJ法は、ブレインストーミングで出た似ているアイデアを分類することと一般的には考えられていますが、本来は「デザイン思考」に匹敵するくらい大きな考え方です。社会学でフィールド調査から新たな切り口の課題を発見するために考案された、創造的問題発見法なのです。

ＫＪ法の進め方は、ポスト・イットに学びをタグづけし、似た学びをまとめて新たな名前をつけ、つなぎ合わせて新たな物語をつくる流れです。ポイントは次のとおりです。

- ポスト・イットに学びを書く場合は、リサーチに参加していない人が読んでもそれだけで情景が想像できるようにする
- 一見違う事象でも、似ているものを見つけて、共通点に題名をつける
- クラスターができたら、題名同士を結びつけ、口に出して物語を語ってみる

このプロセスは、リサーチで得た情報から新たな切り口で人々の生活を捉え直し物語るためのメソッドです。ご興味のある方は、『発想法―創造性開発のために（改訂）』（川喜田二郎著、中公新書、２０１７）を読んでみてください。

ペルソナ

リサーチの結果は、そこから見えてきた数人の典型的な人物像をペルソナという形で描くのがオーソドックスな統合のやり方です。

ペルソナ作り

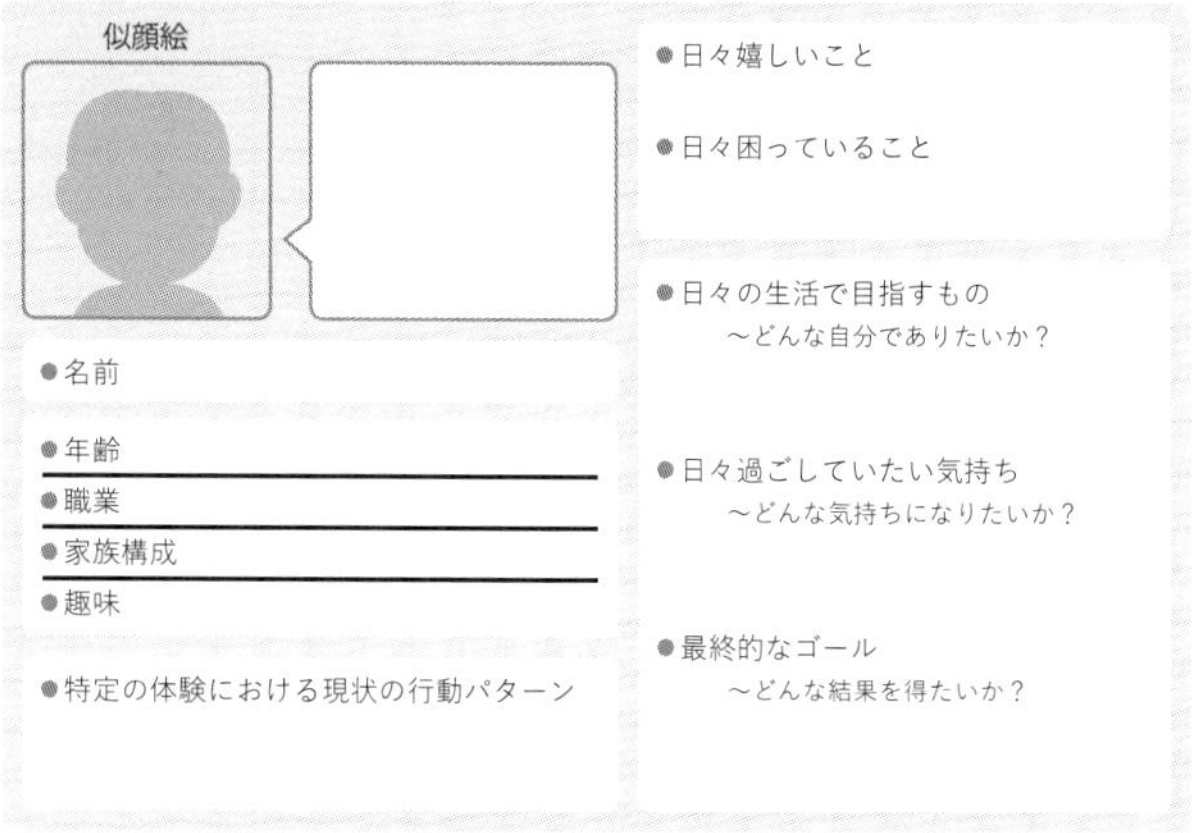

スープストックトーキョーの遠山正道氏が、「秋野つゆ」という30代のキャリアウーマン像をターゲットユーザーとして描き、その人が1人でも入れるお店を作ったという逸話は有名ですが、チームが同じユーザー像をイメージして商品を作ったり、マーケティングプランを作っていく上で、ペルソナは有効な手法です。大事なのは架空の理想的な人物を作ることにあまりこだわりすぎず、リサーチした人や自分たちの周りの典型的なユーザー像を選ぶことで、できるだけ具体的な人をイメージすることです。

デザインスクールならではのやり方で特に重要だと思ったことは、人物像がわかる写真を用いて、名前をつけたり、そ

カスタマージャーニーマップを使ったサービスのプロトタイプ設計

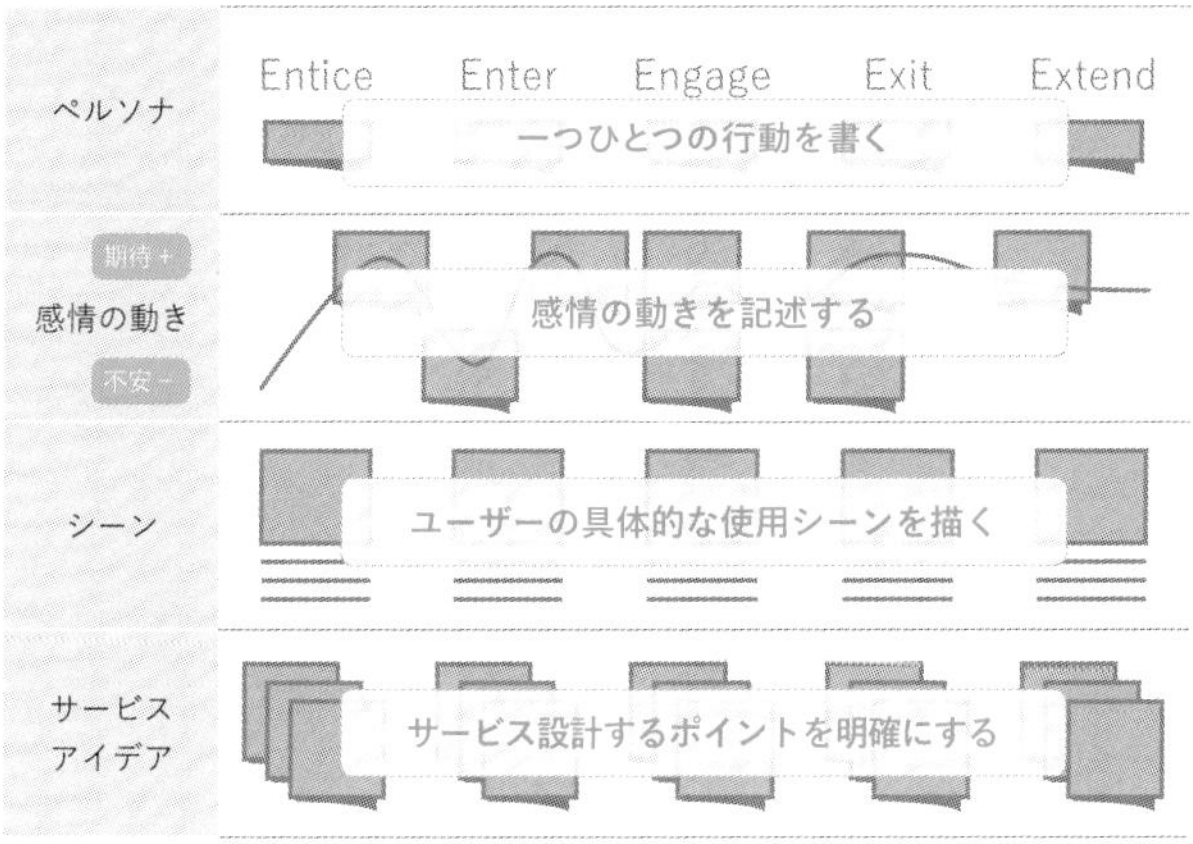

の人が生活の中で大事にしていること、困っていることなど、人となりを理解してもらうための情報を言語化、視覚化することです。

カスタマージャーニーマップ

ペルソナと並んで使いやすい定型フォーマットが、あるユーザーが最初に興味を持ってから、商品やサービスを体験し、体験終了後までの一連の行動を記述していくカスタマージャーニーマップです。

まず、現在の特定のテーマの体験の記述から始めます。現在、あるテーマについて、良い体験（期待＋）、良くない体験（不安－）にはそれぞれどのようなものがあるかを書いた上で、それぞれのタイミングにおける課題と、そこからどんなサービスを設計するかのアイデアまでを1枚で表したものです。

ユーザー体験は、様々な部署や職種の人が一緒に作り上げるものなので、典型的なユーザー目線の体験をカスタマージャーニーマップに可視化して、そこから改善案や新たなサービス案を考えていくというのは非常に価値のある方法論です。

統合プロセスのモード

統合プロセスは、編集者が今までステレオタイプ化されていた日常を自分なりのユニークな視点で切り取って編集することで、今までにはない切り口で特集記事をまとめあげるようなものです。

プロトタイピング

統合プロセスの最後で、3つの〝How might we〟宣言文のフォーマットの課題ができました。その課題を解決するためのアイデアを形にし始めるプロセス、それがプ

Sally continuously feels overwhelmed about the new school year. As an experienced elementary school teacher, doubt about what students are going to be like always makes her feel off guard. Although she knows that she is good with kids, she isn't confident about how to captivate her future students and make a good first impression.
As she accesses her computer, KeepTrack prompts her.
She confirms her identity via e-mail, and accesses her profile. Sally notices all her information from Gradebook has been imported, she finds pictures and basic profile about her future students. She quickly realizes that KeepTrack will help her manage her classroom.

サービスシナリオプロトタイプの例（Paolina Carlos作）

ロトタイピングです。最初は、Ａ４の紙を半分に切った紙の束を前に、リサーチで気づいたインサイトと掛け合わせて様々なアイデアを出していきます。

アイデア出しは、リサーチで出会った人がハッピーになっているシーンをイメージしながら落書きのようなポンチ絵で表現していく、図のようなスケッチプロトタイピングから始めます。

様々なアイデアがでてきたら、組み合わせられるものは組み合わせて、大きなアイデアに統合していきます。

そのアイデアを、今度はもう少し具体的なユーザーの行動のシナリオに落としていく作業を経て、サービス体験をプロトタイピングしていきます。バラバラかったくさんのアイデアに見えていたものは、実はユーザーの日記のような形で表現すると、すべてつながっている一連の体験だということが見えてきます。アイデアをたくさん出すことはムダではなくて、それは必ず何かで使えるし繋がってくる、やりながらそう実感していきます。

最終的には、ユーザーが触れる具体的なサービスのイメージをプロトタイプします。次ページ図は、ウェブ画面を Photoshop で作ったものです。だいたい3日〜1週間くらいのスパンで、どんどん具体的な形に落としていきます。そのステップでは、周りの人に気軽に見せてインプットをもらいながら「作りたかったのはこういうことだっけ？」と確認していきます。

この過程では、リサーチを行ったときにインタビューした人を呼んで、プロトタイプへのフィードバックをもらったり、彼らと一緒にプロトタイプをするワークショップを実施したりして、アイデアを形にしていく過程でも常に検証、改善していきます。

最終的には、Flash などを使ったり、コーディングした物理的なウェブのサービスやビデオなどによる完成度の高いプロトタイプと劇などによるユーザー体験のシナリオを見せながら、最終的なプレゼンテーションを行い、プロジェクトへの投資をしてもらいます。

プロトタイピングのプロセスは、ビジネスマンであればほぼ未体験のプロセスなので、とても新鮮な作業です。過去にたくさんのユーザーを見たり、自分たちでアイデアを考えてきた積み重ねがあるため、作るフォーマットさえ決まれば、案外自分でもいろいろ具体的なアイデアが出てきたりします。また、このステップは、個人個人でイメージして作ってきたものを見せ合って議論を重ねることで、よりクリエイティブになります。

実際に手を動かしてみると、いいアイデアだと思っていても意外とたいしたことがないなとか、逆に、チームメイトによるアイデアが、単なる言葉足らずだったことがわかり、「お、いいじゃん！」となったりもします。このステップでは、とりあえず各自が作りたいものを作ってみることで、自分1人では想像もしていなかったことができ上がっていく、コラボレーションの可能性を強く感じることができます。

プロトタイププロセスのまとめ

プロトタイプは、誰もが即席エンジニアになって、自分たちが考えたアイデアを形にしてみるプロセスです。このプロセスでは、手を動かしながら考える（考えて手を動かすのではない）精神のマインドセットが重要です。

本格的に作りあげるのは、エンジニアでないとできないものもありますが、ここでは「自分ができる範囲」のプロトタイプを作ります。

P&Gで学んだ顧客目線のマーケティングとの違い

私は、P&Gで顧客目線でユーザーを理解した上で商品開発やマーケティング戦略を立案する仕事をしていたのですが、そのアプローチとも共通項もあれば、違いもあります。そこで、その違いについても振り返ってみましょう。

リサーチと分析の段階では、やっていることは同じに見えますがやり方は全然違います。デザイン思考においては、誰もが同意できる「客観的な正しさ」よりも、アイデアを生み出すためのユニークな「主観的だが面白いストーリー」を集めるという点に主眼が置かれます。

留学中に、IDEOの方の前でリサーチのインサイトを発表したときに、「正しいのだろうけど、面白くない」というフィードバックをもらったことがあります。アイデアを生むためには、たとえ少ない1人のサンプルでも、より新たな視点をあたえて

マーケティングとデザイン思考の違い

		マーケティング	デザイン思考
共通点		1.ユーザーの理解から課題を抽出する 2.ユーザーインサイトに従い意思決定をする	
違い	1. リサーチ	市場の代表的なユーザーを理解し、量的に満たされていないニーズを特定	先進的なユーザーの生活に共感し、まだ言葉になっていないニーズを発見
	2. 分析	定量調査から得られたデータをもとに、共通していえる事実を抽出し、戦略を合意	印象的な生の声を使ってストーリーを集め、できるだけ生の温度感のままチームやクライアントに伝え一緒に意味合いを考える
	3. 統合・課題の再定義	リサーチで学んだインサイトを箇条書きにしてまとめ、戦略の変更がある場合は明記する	リサーチで学んだインサイトの関係性をマップ化し、1枚のビジュアルで表現する。チームとして解決したい課題の宣言文を作る
	4. プロトタイピング	商品戦略とコンセプトをまず固め、正式なプロジェクトチームを組んで製品開発へ移行し、制作会社と本制作に入る	早い段階で簡単なプロトタイプを作成し、顧客に提示し検証することで、どのアイデアを次のプロトタイプに進めるかを判断する

くれるストーリーをしっかり広げていくことが重要だというのは、大きな発見でした。

また、統合／課題の再定義とプロトタイピングの段階は、デザイン思考特有の方法論といえるかもしれません。デザイン思考のプロジェクトでは、価値の8割はこの2つのステップで生まれる実感を持ちました。P&Gの時は、ユーザーリサーチを終えたら、その終了時点でサマリーができていて、次のアクションを合意することが「良いリサーチ」でしたが、デザイン思考の視点でいうと、それは多くのインスピレーションのタネを捨てていることになるのです。

それだけ、新たな価値を生む上で重要なプロセスなのですが、過去の自分の仕事を振り返ったときに、このようなことをほとんどやっていなかったことに気づいて愕然とした記憶があります。「普段の仕事では、意図的にこのようなステップに時間を使わないと、新たな切り口を生み出すことはできないのだ」と痛感しました。

このように、それぞれのプロセスにおいてもやり方が異なるのですが、それ以上に違うのが、このプロセスの進め方です。従来型の企画・MBA的なマーケティングが、ベルトコンベア式に「ステップバイステップ」で進められていくのに対し、デザイン思考はそれぞれの4つのモードを都度切り替えて、短いサイクルで進めていくのが特徴です。

デザイン思考でプロジェクトを進めるツボ

ゆるく設定された大きなテーマを、ユーザーの具体的な課題を発見し、自分たちの切り口でのデザイン課題に捉え直し、ユーザー目線の実行可能なアイデアを提案するところまで行う流れを体験しました。

このプロセスを実行する上で、実務的に注意したほうがよいと思うツボをいくつか紹介させていただきます。

1　相手のライフストーリーに共感できる生の話を引き出せるか

リサーチステージでよく起こるのは、知りたいことを詰め込みすぎた結果、質問数が増えて具体的な枝葉末節を聞くことに終始したり、分析に時間がかかるあまり全体の絵が見えなくなってしまうことです。

このステージで大事なのは、「自分たちのチームが持っていない視点を獲得」し、「世の中に流れている感情に浸かる」ということだと思います。

アメリカのデザインコンサルティングファーム Jump Associates は『Wired to Care』という本の中で「共感」の大事さについて書いていますが、このステージで大事なのは、相手になりきることで、「自分の持っている枠組みから離れること」です。

共感を生むには、リサーチで感情を引き出すリサーチのフローを作っておかなければいけませんし、相手の話に心から興味を持って、エネルギーを生んでいく質問の仕方をするということが大事なのでは、と思っています。

そのためにデザインリサーチにおいては、人材開発でよく使われるコーチングや、Appreciative Inquiry（通称ＡＩ）という、人の強みをインタビューから引き出していくような方法から学ぶとよいと思います。

たとえば、「今まで人生で最高の教育の体験は何だったか？」というハイポイントインタビューという質問の手法があるのですが、過去の最高の体験を聞くことでその人はどんどん乗ってきますし、最高の体験ということからその人が大事にしているのは何かが無意識にわかり、その人にとって大事なことをどんどん話してくれるような雰囲気を作ることができます。

さらにいうと、リサーチと呼ぶのではなく、ライフストーリーのインタビューをさせてもらったほうがもっと盛り上がりますし、お酒を飲みながら深く語るほうがさらによいかもしれません。

2 自分がチャレンジしたい課題に捉え直せるか

ＩＤの大学教授とランチを食べながら話しているときに出た話題の1つに、「デザインプロセスを追おうとすることには弊害もあります。特に、リサーチのデータを分析しすぎてしまうと、現状の焼き直しになりがち。大事なのは、リサーチから得たインサイトを飛ばして、その人なりのビジョンを作ることなんだけどなあ」という話がありました。

デザイン思考プロセスで失敗するパターンは、得たインサイトを組み合わせて、「はい、これが解決策」と結論づけてしまうパターンです。これでは、インサイトの裏にある大きな感情的ニーズを見すごしがちになってしまい、なかなかうまくいきません。

大事なのは、ユーザーから得たインサイトや、彼らが持つ未来ストーリーに刺激を受けて、「自らの未来ビジョンや想いを育み広げていくこと」なのではないかと思います。

プランナー自身が100%腹落ちしていない企画が成功するのを見たことはありません。最終的には、自分の腹に落とすという、客観から主観への転換をできるかどうかがこのステージの鍵なのではないかと思います。

実は、このビジョンの描き方や、自分ごと化というのは、あまりデザイン思考のプロセスでしっかり定義されているものを見たことがありませんが、人材開発でよく使われるU理論は参考になる方法論です。具体的には、「リサーチの結果を踏まえて、自分のミッションステートメントや未来ビジョンがどう変わるか考えてみた上で」デザイン課題を定義してみるとより魂が入るかもしれません。

3 いかにチームの中に無意識に存在するバイアスを壊すか

解決策のアイデア出しのプロセスでよく起こってしまうのは、目先の技術的実現性の高いアイデアや、リサーチ段階で面白いと思った仮説につい固執してしまうということです。結局、これだけリサーチしたのに結論は大して変わっていないというのがよくある失敗パターンになります。

このステージでは、アイデアを出す際に「自分たちが持っている思い込み（バイアス）をあえて壊す形でアイデア出しをする」方法論がとても有効のように思います。元Ｚｉｂａの戦略デザイナー・濱口秀司氏がTED×Portlandで語っている方法論もすばらしいので、ご参考にしてみてください。

ＬＥＳＳＯＮ１でも、前提の可視化の方法論を紹介しましたが、自分たちの商品が立っている無意識の前提条件を一度洗いざらいだします。家電の業界であれば、「大手量販店に入らないと売り上げが伸びない」「新しいもの好きのユーザーがまず最初の購入者である」「男性が主な購入者である」など。そして、意図的に、その逆の軸を検討してみます。「直販やインターネット販売を主なチャネルにすることで儲かる体制をつくる」「初めからテクノロジー先進層ではないターゲットを狙う」「女性にも受ける家電を考える」など。そして、それぞれの反対軸においてできることを考えてみることで、今まで無意識に捨てていたアイデアを発想する、というような方法論です。

4 スピーディーにプロトタイプを作りつつ、建設的な批評を行う

実は、いちばん付加価値が出るのはこのプロセスからです。ときには、最初からプロトタイプを作りながらでもいいくらい、プロセスのど真ん中に哲学としてあるべき

ものですが、アイデアは思いついた段階でできるだけ具体的なものに落としつつ、フィードバックをもらって、壊すということが大事だと思います。その際に特に大事なのは、いかに「厳しく、かつ建設的な批評をする場をつくるか」ということ。ここは私自身もまったく答えがないのですが、プロトタイプを作るには盛り上がる必要があるため、あまり厳しすぎてもダメですし、一方で、褒めてばかりいても本質的な改善がなされません。プロトタイプを早く作るという姿勢をチームが持っていることも大事ですが、同じくらい「質の高い批評の場を作る」ことも重要です。

この章では、課題を発見し、創造的に解決するためのプロセスと、4つのモードを紹介してきました。LESSON4では、創造モードに入るための環境づくりとツールについてご紹介したいと思います。

EXERCISE 3

ユーザーインタビュー

言葉に表れていない本音であるユーザーインサイトを理解することは重要ですが、ユーザーは自身のニーズを言語化できておりません。では、どうやって引き出すのでしょうか。その方法の1つに、ユーザーインタビューがあります。このユーザーインタビューは、まずは日常の友人とのランチやオンライン会議で小さく実施してみましょう。

ユーザーインタビューの手順

① **見る：場所やユーザーの行動を観察する**→その人が持っているもの、工夫していること、ジェスチャー、表情

② **聞く：ターゲットユーザーや先進ユーザーにインタビューを行う**→関係性を築くのに時間をかける、できるだけストーリ

EXERCISE

ーで語ってもらう、「なぜ」を繰り返し聞く、矛盾や文脈を深掘りする

③ **試す：既存サービスや疑似サービスを体験する**→書いてもらう、使ってもらう、作ってもらう

インタビューの流れ

① **生活者の人物像についての質問**：家族構成、価値観、趣味、人生の目標など

→まずは人となりや環境を理解することが重要

② **生活習慣に関する質問**：持っている車や財布、自宅のインテリアなど

→日常をどのように過ごしているかも理解しておく

③ **具体的なテーマに関する質問**：普段使っている商品やサービス

→実際のテーマについて聞いていく

次はＸＸの体験についての個人的な体験を聞き出すための簡易的なインタビューシートです。ＸＸは、贈り物をあげる、料理をする、オンラインで出会うなど何でも構いません。

エクササイズ1　観察する

目の前にいる人の服装や持ち物をじっと観察してみてください。その人は、どういうものが好きでしょうか。また、何を欲しがっている人でしょうか？

目の前の人について、「気付いたこと」をメモしてください。

エクササイズ2　聞く

質問1：あなたが過去もらった最高のXXの体験について教えてください。それは、具体的にどのような体験でしたか？

また、なぜあなたはその体験を最高だと思ったのでしょうか？

それはあなたがどのようなことを大事にしているということなのでしょうか？


質問2：では、普段あなたの生活での日常でのXXの体験についてお聞きします。最近3カ月以内にあったエピソードを1つ思い出してください。

　その体験を思い出してみると、どのようなことがありましたか？

順番に思い出してみてください。

　それぞれの瞬間に、あなたの気持ちはどのように動きましたか？

その体験を100点満点で答えたら何点ですか？

また、100点になるためには何が必要なのでしょうか？

エクササイズ3 絵に描いてもらう

あなたにとって理想のXXとはどんなイメージでしょうか？ 絵に描いてみてください。

絵を描いたらその内容を説明してください。

なぜ、それが最高だと思ったのでしょうか？

column

リサーチの必修授業ユーザー観察

IDの大学院の授業のうち3割近くはユーザーリサーチの授業で、そのデザインリサーチの方法論が確立されていることはよく知られています。特に、観察やインタビューについては必修科目となっています。

リサーチ技術専門のクラスを受講したので、その内容を軽くご紹介しましょう。

担当の先生は、シカゴにあるデザインリサーチに特化した会社としてアメリカでは有名なコニファーリサーチの創業者、ベン・ヤコブソン氏です。

この授業は全15週のうち前半は、オブジェクトや空間、ユーザーの観察、Shadowing（人の横について観察を行う）、インタビューなど様々なユーザー理解の手法を1週間ごとに実習していきます。

実習では各自がフィールドワークをしたものを持ち寄り、先生と学生が全員で批評、フィードバックをし合います。

ユーザー観察の授業の発表の様子。写真を多用する

通常のデザインリサーチは、観察とインタビューを組み合わせて2時間くらいで実施するパターンが多く、授業自体も最初は観察実習、観察+インタビュー実習を行ったのちに、最後はそれを組み合わせたプロジェクトによる実践という形で構成されています。

ここで、テクニックとして習った大事なことは、限られたフィールドワーク時間の中で得た学びをしっかり記録するためのノートの取り方と、写真の撮り方だと思います。

毎週、各自がテーマを設定してフィールドワークを行った結果を、次の写真のように模造紙にまとめ、クラスで発表します。

細部の気づきを詳細にデフォルメして伝える場合は、スケッチのほうが伝わりやすいですし、その場の生の雰囲気を伝えたい場合は広角の写真が有効です。また、音も大きな情報なので、これにスマホのカメラで録音した音を再生して表現する学生もいます。こういうプロセスを通じて、自分が見てきたものをまずは、解像度と再現度を高く、生感をもって伝えるスキルを学びます。

LESSON 4：ツールと環境

創造モードへのスイッチ

ツールや環境は1日で最も長い時間接するものだ。
そこにこそ、投資すべきだ。

ベン・ヤコブソン（コニファーリサーチ創業者）

創りだすモードへのスイッチ

ＬＥＳＳＯＮ３ではデザイン思考を活用した創造的な問題解決の方法論をご紹介しましたが、それは、創造的問題解決の方法論の型のようなものです。これを実行する上で大切なのは「創りだす」環境を整えることです。

今日の自分を「創りだす」モードに持っていくためには、左脳が支配する言葉、右脳が支配するビジュアルイメージ、そして体が支配する直感を総動員しやすい環境をつくりだすことは、知的生産性を高める上で重要です。

既存のビジネスを効率的に回すことに頭が慣れてしまっている場合、「創りだす」モードに切り替えるためのスイッチ、つまり知的生産のツールを用意したり、環境を整備すると効果的です。

ＩＤでは、そのような環境を整備することをテーマとした単独の授業は存在しませんが、それはむしろ当たり前のように環境に組み込まれています。その空気のように組み込まれているものを解読してみることで、ビジネスの現場で活用できるものにな

創り出す能力を高める３つの感覚

デザイン思考の特徴　全身の感覚を活用して創造性を高める

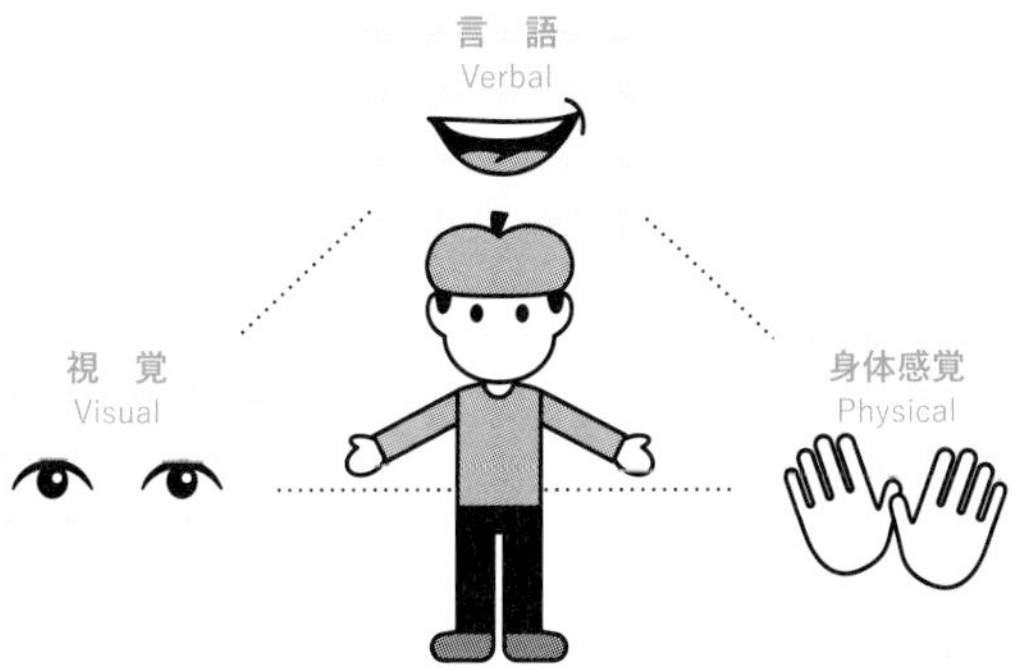

ると考え、本章を設けました。

日々の知的生産性を上げるスイッチとしての道具箱

私がIDに通うようになってから大きく変化したことの1つが、いつもかばんの中に入れて持ち歩く文房具です。デザイン思考の文脈ではあまり語られていないことですが、自分が1日24時間どのように周囲の物事をとらえ、その情報をどう記録し、整理・発想するかという頭の使い方の変化を起こすためには、日々持ち歩く道具を変えるだけで行動に大きな変化が起こるということを実感しました。

デザイナーの同級生は、記録・整理・

発想のルーチンにあった、自分のお気に入りの文房具を持ち歩いており、いつでも使える状態にしているようでした。

私の場合、どのような道具を使っているのかをご紹介しましょう。

次ページの写真の中には、「創造モード」へスイッチを切り替えてくれる様々なツールが写っています。

ちなみに、写真は留学中に課題を1人でこなすための作業場としてよく使っていた、シカゴのダウンタウンにあったスターバックスでの風景です。

①ポスト・イット（シナリオ用のラフスケッチ）
②切り取り可能なスケッチブック（レイアウトの構成案のメモ：レイアウトはペンで、中身はポスト・イットで）
③シャープペンシル（最初のラフラフスケッチ用）
④太、細2種類の黒ペン（清書用）
⑤トレーシングペーパー（ラフにスケッチした絵の清書用）
⑥カッター（トレーシングペーパーや裏紙などを切り取る）
⑦Ｍａｃ（写真検索とPhotoshop）

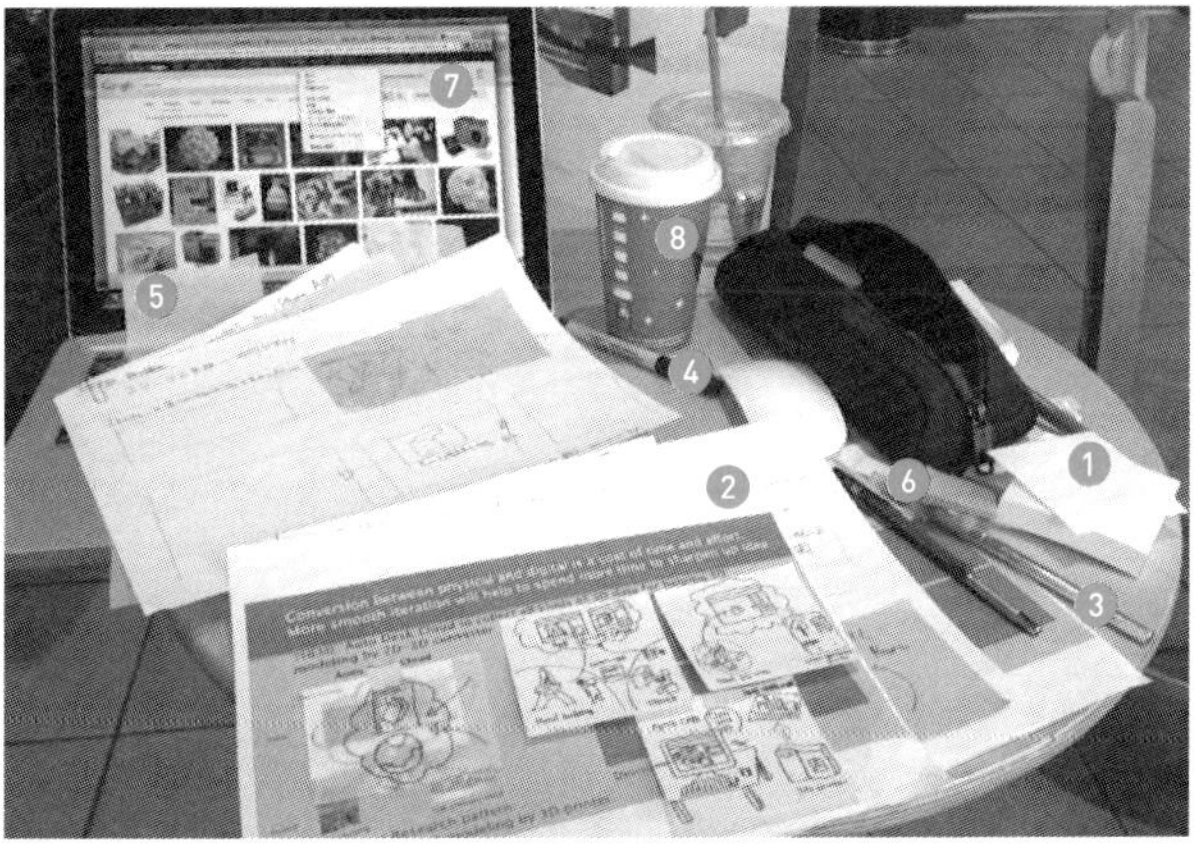

ある日の作業風景

⑧　カフェモカ（眠気覚ましと糖分補給）

これに加え、スマートフォンがあれば、1人用作業のツールのほぼ全てをカバーしていることになります。

2人以上でやる場合には、これに相棒と、ホワイトボードノートが加わります。

私が持ち歩いている道具のうち、特に重要なものをいくつかご紹介します。

大中小サイズのポスト・イット

カラフルなポスト・イットがあらゆる場所に貼られているのも、デザインスクールの特徴の1つです。特に、ポスト・イットノート（正方形）は、ホワイトボードを前に、チームでアイデアを整理するときやワ

アイデアスケッチ、ワークショップ用

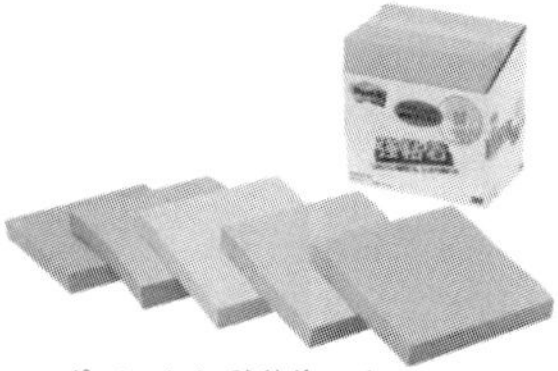

ポスト・イット®強粘着ノート 654SS
(75mm×75mm)

読書メモ、プレゼンテーションフロー作り用

ポスト・イット®強粘着ノート 650SS
(50mm×50mm)

見出し用

ポスト・イット®強粘着見出し 700SS
(50mm×15mm)

ークショップを行うときに必ず使う道具です。日々、友人と話しているときに出るアイデアや、自分1人でアイデアを整理する際にも使えます。

私のお気に入りは、本を読んだりリサーチをした後に気づいたことを小さいポスト・イットにメモ・イラストにして、重要性をあまり考えずにスケッチブックにランダムに貼っていく使い方です。

そうしておけば、日々の情報のインプット・アウトプットが、必ず「後で使える素材」を作る作業につながっていることになります。

新たなアイデアを考える際にも、すでにメモ書きができているポスト・イットを貼り替えるだけで、プレゼンのプロトタイプまでできてしまいます。

ポスト・イットの使い方を工夫し、日々自分が接している情報を目に見えるカタチにし、組み替えをしやすく記録しておくことで、情報の生産性は劇的にあがることを実感しました。

スケッチブック

デザインスクールに通う学生はほぼ、ノート代わりにスケッチブックを使っています。モレスキンの手帳をノートとして使っている人もいます。

スケッチブックを使うメリットは、大きなスペースがあるためイラストと文字を混ぜたようなノートを取りやすいこと、紙が厚いため〝作った感〟を得られること、そして切り取りやすいことです。

特に私のお気に入りのスケッチブックの利用法は、新サービスのコンセプトスケッチで1枚、ビジネスモデルで1枚と、プレゼンテーションの構造に合わせて思いついた順に、テーマで1枚の紙にメモをしては、その順序を入れ替えたり加筆しながらプレゼンテーションをつくっていくやり方です。

かりにその時点で十分なアイデアがなかったとしても、タイトルだけでも紙に書

ノート代わりにも使えるスケッチブック

き、パッケージにして持っておくだけで、様々なメリットが生まれます。その時点でプロジェクトがどこまで進んでいるのか一目瞭然ですし、足りないところは無意識にそのスペースを埋めたくなるので自然に進行がよくなります。ノート代わりにも使えるスケッチブック

太細両方のペン

デザインスクールでは、太いタイプと細いタイプのツインペンを使うことが勧められていました。ここでのポイントは、太・細2種類の線を使い分けることなのですが、最初は疑問だった私もこれはすぐに納得し

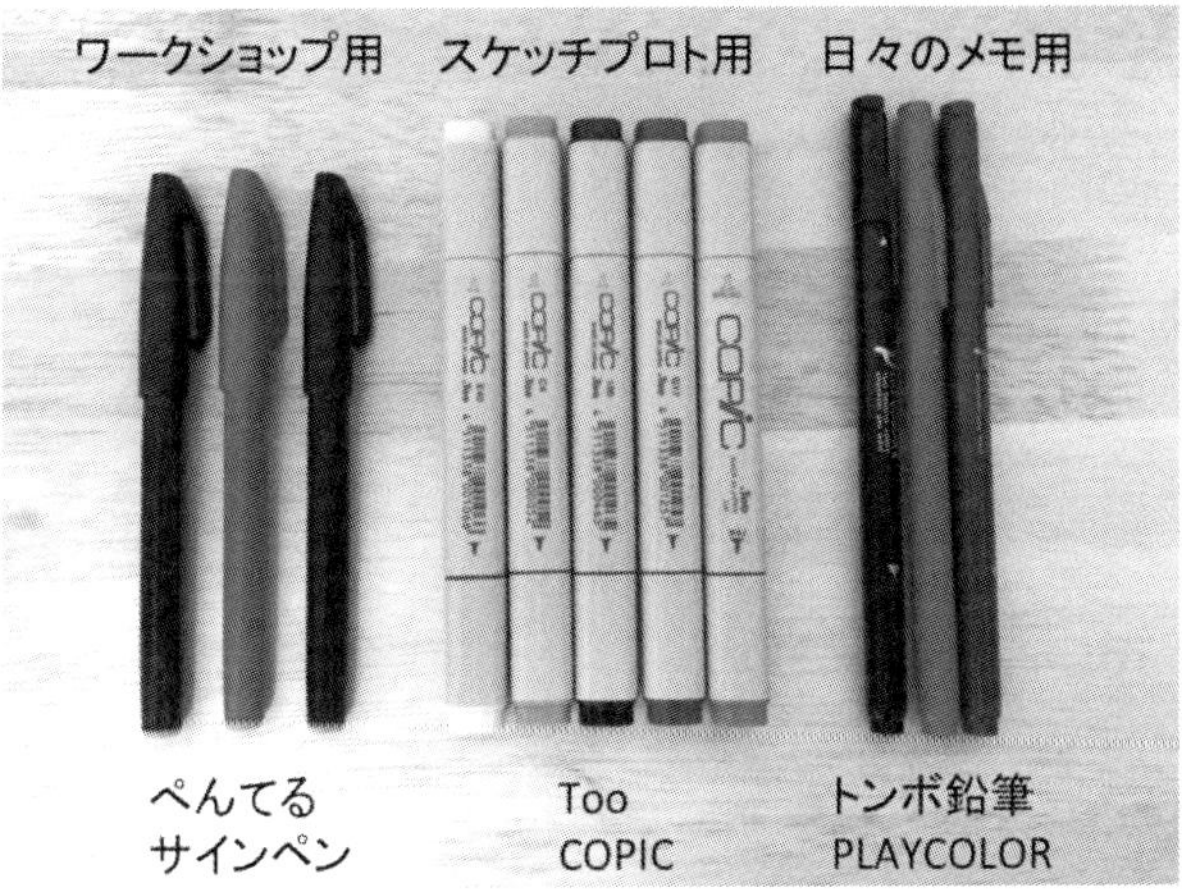

様々な種類のペン

ました。

IDでは、新しい商品や、サービス像をスケッチするのですが、そのときに、シンプルかつ完成度が高いスケッチに見せるテクニックがあります。スケッチを一度シャープペンシルで書いてから、外観や大事な部分は太い線でなぞるのです。すると、メリハリがついたスケッチを描くことができるようになります。また、スケッチ、ワークショップ、日々のメモ向けにペンを使い分けるとよりベターです。

誰もが絵がうまくなれる、トレーシングペーパー

トレーシングペーパー

トレーシングペーパーといえば、小学校のときに好きなマンガをなぞるために使ったという人が多いのではないかと思います。

トレーシングペーパーは、実はプレゼンテーションを作るときにとても便利な道具です。

スケッチブックに一度ラフにスケッチしたものを、トレーシングペーパーで写し、太細ペンで仕上げます。これをスキャンすると、手描きのイラストにPhotoshopを使って色をつけたり、加工したりできるのです。イラストレーターには、手描きの線をデジタルデータに変換してくれる機能もあるので、プレゼンテーションにも使うことができるようになります。

絵心のない人でも、トレーシングペーパーを使うと、デザイナーが描いたようなきれいな絵が描けるようになります。

写真検索サイト

留学中に意外だったことの1つは、実はイラストがうまいデザイナーも、自分だけでゼロから全てを描いているわけではなく、実際にはwebにある写真をなぞってイラストを起こしている人が多いということでした。

たとえば、キッチンを背景に新たな鍋のデザインをする際には、イメージに合うキッチンの写真を探してきて、それを取り込んでイラストレーターで加工をしたり、タブレットで表示したものをトレーシングペーパーでなぞったりしていました。

Google 画像検索や Getty Images、最近だと Pinterest などのサイトは、作業をしながら常に参考にしています。

ペンタブレット

最近では iPadProに標準装備されているタッチペンなどのペンタブレットは、デザインやプレゼンテーションのイラストをつくる局面でとても活躍します。

特に、デザインのプレゼンにおいては新たなサービスがどのように使われるかの、絵コンテによる説明は不可欠です。絵コンテを作るときには、写真を取り込んで、そこからイラストを起こすことになります。

写真をイラストレーターに取り込んで、活用できるところはなぞりながらイラストを描いていくのです。タブレットペンを使えば、私のようにイラストが苦手でも、イラストを描くことができるようになります。

ツールを使って知的生産性を高める

これらのツールの特徴は、いずれもアナログな手描きで、バラバラにして組み替えやすいということです。思いついたことや感じたことをその場で物理的に記録しておき、あとで組み替えて編集できる環境をつくる習慣をつけておくということです。

IDで学んだ1つの原則は、創造性は、様々な知識の組み合わせから起こるということです。物理的に記録しておくと、後でその紙を何かの拍子に見直したときに、新

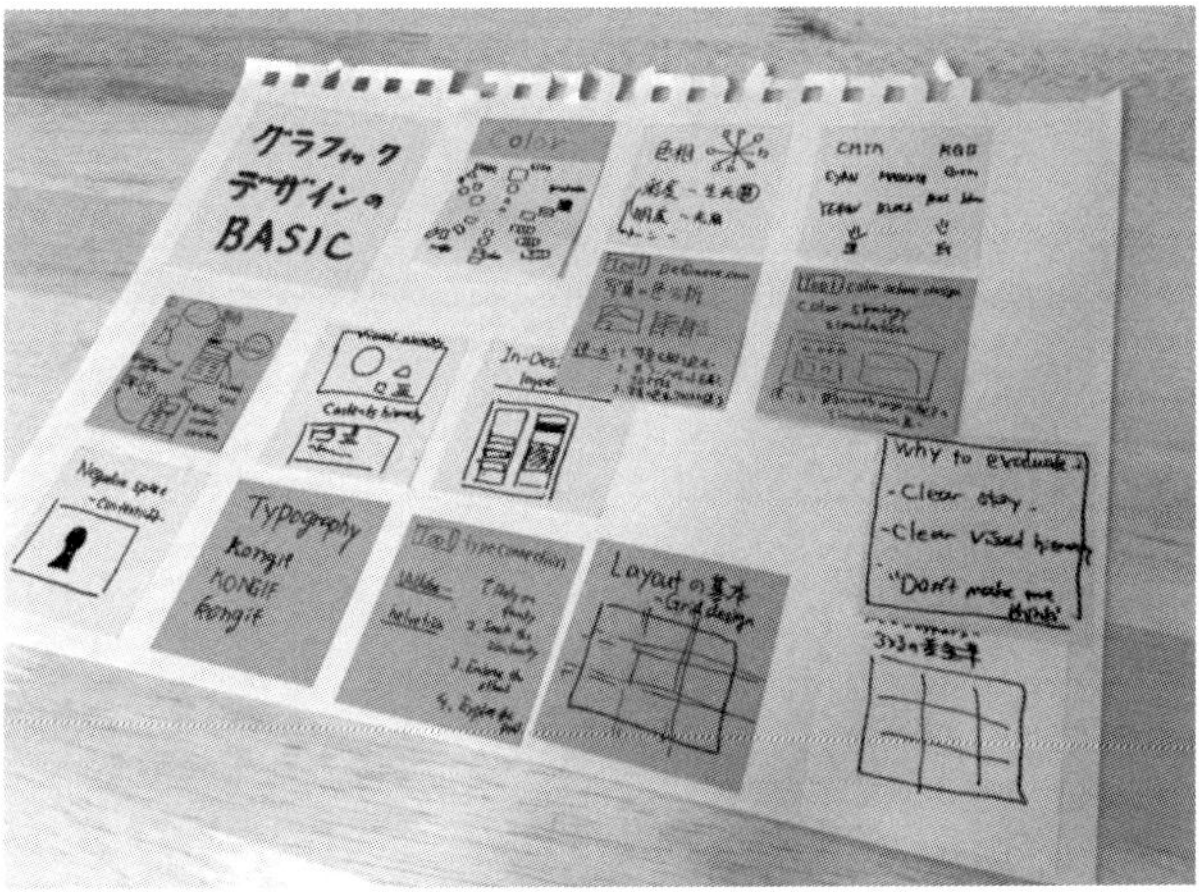

ある本のまとめの様子

たな繋がりから新しいアイデアが生まれる可能性が高くなります。自分自身の記憶に定着しやすくなるのはもちろんのことです。

実は、私たちは日常で大変な量の情報に接しています。ただ、ほとんどの情報を記録していません。

私自身は、留学以降はずっと、スケッチブックとポスト・イットを持ち歩き、日々の気づいたことや本を読んで思ったことなど、インプットした内容を小さい正方形サイズのポスト・イットにダイヤグラムもしくはポンチ絵で記録する、ということをするようにしています。まとめるときには、ポスト・イットをすべてはがして机の上に並べれば、日々蓄積している気づきを目の前で効率的に見える化できるのです。

たとえば1冊の本を読むだけでも、その気づきを記したポスト・イットが20～30枚にもなります。それに関連するテーマの本をあと2冊読むと、合計50～60枚くらいのポスト・イットになります。これらを組み合わせて並び替えると、あるテーマを自分なりに編集し直した仮説のようなものができ上がります。

その内容を抜粋してブログに書いたり、パワーポイントに落としておけば、誰かと話すときにそれを参照してさらに新たな切り口を得たり、ふとしたときに得た情報がさらに膨らみます。

これも1種のプロトタイプによる知的生産術だと思うのですが、最初にポスト・イットにメモするという行為、つまり0→0・1くらいの作業をすることで、その内容がどんどん膨らんでいくのです。

これらは、手描きでそのときのインスピレーションを書き残し、組み替えやすい形で残すという習慣から全てがスタートします。

クリエイティビティに対する投資としての環境づくり

デザインファームやデザインスクールなど、創造性を売りにする場は、どこも環境づくりには力を入れています。

創造力は1日24時間を通じて生まれるものなので、自分の作業場の環境を整備することはとても重要です。職場環境をいち社員がデザインすることは難しくても、チームメンバーとブレーンストーミングをする会議室の環境を工夫することはできるでしょう。

そこで、まずは世界のデザインファームが実践している「つくりだす環境づくり」について、屋外フィールドワークで学んだ内容をご紹介したいと思います。

「つくりだす場」としてのスタジオ

スタジオというと、ミュージシャンがレコーディングをする場所というようなイメージを持たれる方も多いと思うのですが、ここではデザイナーの働くスペースを「ス

色々な資料をインスピレーション代わりに貯蔵
考えたアイデアは即形にしてみる。デジタルでも物理的にも
一緒に寝泊まりで24時間共創

創造性を高めるスタジオのイメージ

タジオ」と呼びます。

大手デザインファームｆｒｏｇの元クリエイティブディレクターヤン・チップチェイス氏によると、海外調査をする際には現地に寝泊まりできるスペースを貸し切り、チームと食事、寝泊まり、ワークショップ、即興のデザイン作業をする「旅先のポップアップスタジオ」を作っているそうです。

これらの前提にあるのが、デザイナーの職場であるスタジオの文化が反映されているスペースを作るということです。スタジオ文化とは、一緒に働いてワクワクする仲間と寝食をともにしながら、未完成のアイデアやプロトタイプをお互いに出し合い、フィードバックをし合いながら、プロジェクトを進めていくということです。スタジオ文化の特徴的な行動は次のようなものです。

- 学びを常に記録し、見える化しながら蓄積していく
- インスピレーションになりそうな素材を収集しておく
- アイデアやラフなプロトタイプを気軽に見せ合って意見をもらう

環境を作っていく上では上記のような行動がしやすいことが重要になります。

このような環境は、もちろん口々の作業場であるスタジオでは必須ですが、固定の場がなくてもＡｉｒｂｎｂなどで一軒家を借り切って合宿をすれば同様のことができます。大手デザインファームではそういう形で海外でのフィールドワークを実践しています。

環境づくりを通じて、チームとしての毎日の創造力を高めているのです。

創造した知識の見える化

先ほどの図は、一流のデザインファームでよく見られる、つくりだす力を最大化させる空間についての説明です。中でもいくつか重要な要素について紹介したいと思います。

1　大きなキャンバス

大きなキャンバスとは、言い換えれば大きなホワイトボードがあることです。

ＩＤでも、大きなミーティングルームは、四方が全てホワイトボードで囲まれています。ホワイトボードは多くのオフィスのミーティングスペースにありますが、部屋全体のどこでも描けるくらいの大きなキャンバスはなかなかないでしょう。

3M社のホワイトボードフィルム。あらゆる場所をクリエイティブな空間にできる

このような空間をつくるのは、いつでもアイデアを書いて議論しやすい、というメリット以上の意味があります。

特に、統合ステージでは、膨大なリサーチでの気づきや学びを、一目で見渡すことができます。効果的に統合プロセスを進めるには、大きなキャンバスが不可欠です。ホワイトボードがない場合でも、大きな段ボールボードにピンなどでプリントアウトを貼りつける、または模造紙を壁に５〜６枚貼りつけてキャンバス代わりにする方法もあります。また、３Ｍ社が発売しているホワイトボードフィルムを壁に貼り付けて活用すると、安価にホワイトボードを出現させることができます。

２　プロジェクトスペース

海外のデザインファームを訪れると必ず目にするのは、ホワイトボードなどに四方を囲まれている専門のプロジェクト部屋です。

スタンフォード大学d.schoolにある移動型のホワイトボードを使ったプロジェクトボックス

下の写真は、スタンフォード大学d.school のプロジェクトスペースです。移動式のラックにホワイトボードを掛ける形になっており、取り外しができます。

多くのデザインプロジェクトは2～3カ月の期間、3～5人のチームメンバーが集中してプロジェクトに携わる形で行われます。プロジェクトを重ねる中で蓄積している学びは、全てが創造への刺激です。その刺激を最大化する環境をつくるために、常にその学びが見える状況にしておくということがとても効果的です。

普段の会社の環境では、1～2カ月連続で部屋を押さえることは難しいと思い

スタンフォード大学d.schoolにあるプロトタイピング用のガラクタ箱

ます。もしプロジェクト部屋をつくれるならそれに越したことはありませんが、代替手段としては、巨大なポスト・イット（イーゼルパッド）を使って、場所が変わってもキャンバスの中身だけを維持しながら作業をすることです。

インスピレーションのための素材を収集しておく仕掛け

3　プロトタイプ道具の入ったガラクタ箱

写真は、スタンフォード大学 d.schoolの〝倉庫〟です。一見、がらくたのようなものが集まった棚には、プロトタイプ用の素材が格納されています。

　この素材は、不要になったものをいろんな人が持ち寄ったものだそうです。プロトタイプを作るコストをほぼタダにするだけではなく、意外なものの組み合わせで新しい発想を生まれやすくしているそうです。アイデアの刺激物であると同時に、プロトタイプの素材にもなる、という考え方のもと、ガラクタ箱のような〝おもちゃ箱〟が大事にされています。

各リサーチでは、現地で見つけたガラクタを保存しておいて、プロトタイプに使うのもよいでしょう。

日本には100円ショップや最強のＤＩＹショップである東急ハンズがありますので、そこをおもちゃ箱のように使い、プロトタイプとして使えるものはないか探しに行くのもよいと思います。

4　マガジンラック

デザイナーにとって雑誌は、マスに普及する前のトレンドの兆しを見つけることができる媒体として重要です。

トレンドをチェックするリサーチャーとしての視点で見ることもできますし、デザインを構想する際のインスピレーションのための素材、ワークショップでイメージを具体化するコラージュを作る素材としてもよく使われます。

ブレーンストーミングなどの機会がある場合は、チームメンバーに雑誌を1冊ずつ持ってきてもらうだけでも、普段の自分では買わないような雑誌からインスピレーションを得られるでしょう。

アイデアやラフなプロトタイプを気軽に見せ合って意見をもらう

5　プロトタイピングスペース

デザインの世界では、「形にしてなんぼ」だと言われています。ワークショップスペースや、ホワイトボードのある打ち合わせスペースの横に、カッティングマシンや3Dプリンター、レーザーカッターなどのマシンショップが置かれています。そこには、機材だけではなく、これらの機械で加工するための材料となるフォームコアや発泡スチロール、木の板など、ラピッドプロトタイプをするための素材や様々な工具も置かれています。

日本でも最近はDMM.make AKIBAをはじめ、プロトタイピングができる機材を揃えたコワーキングスペースが増えてきました。オフサイト・ブレーンストーミングとして、外の会議室を使って、その場でプロトタイプを進める機会を作ってもよいのではないでしょうか。

チームをクリエイティブにするために必要な環境整備

デザイン思考のプロジェクトの中で、価値を創るプロセスである統合やプロトタイプのいちばんの道具は、私たちの視野と頭です。

ある事象を細かく分解して解釈する分析思考に対して、デザイン思考はバラバラに分解されたモノを組み替えて新しい絵や形、ストーリーにしていくという統合の過程です。一目で見渡せる範囲内に、全ての情報をパーツとして見える化して集めるための作業場が必要なのです。

次ページの写真は、サービスデザインの授業における統合ステージでの一幕です。過去、数カ月デスクリサーチ、インタビュー、アイデア出しなどで積み重ねてきた学びを1度プレゼンテーションフォーマットに落とし、全体を通じたメッセージやストーリーの流れを検証しているところです。

ＩＤに常備されている大きなホワイトボードのスペースを使って、全ての学びをプリントアウトし、チーム全員がストーリーの全体像を見える状況にして議論をしま

IDの学生スタジオ。壁一面のホワイトボード

す。

Ａ４の紙を半分に切ったハーフシートを大量に用意し、話しながら、プレゼンでカバーする内容をスケッチしていきます。

ストーリー展開全体を一目で見ながら、ストーリーの流れ、これから作成するスライド、要らないスライドの仕分けをした上で、分担を決めてプレゼンを作成します。

これはチームでプレゼンを作成する際に非常に効率的な方法なので、是非とも試してみてください。

この章では、創造モードへ自分たちの脳を切り替えるスイッチとしてのツールや環境についてご紹介してきました。環

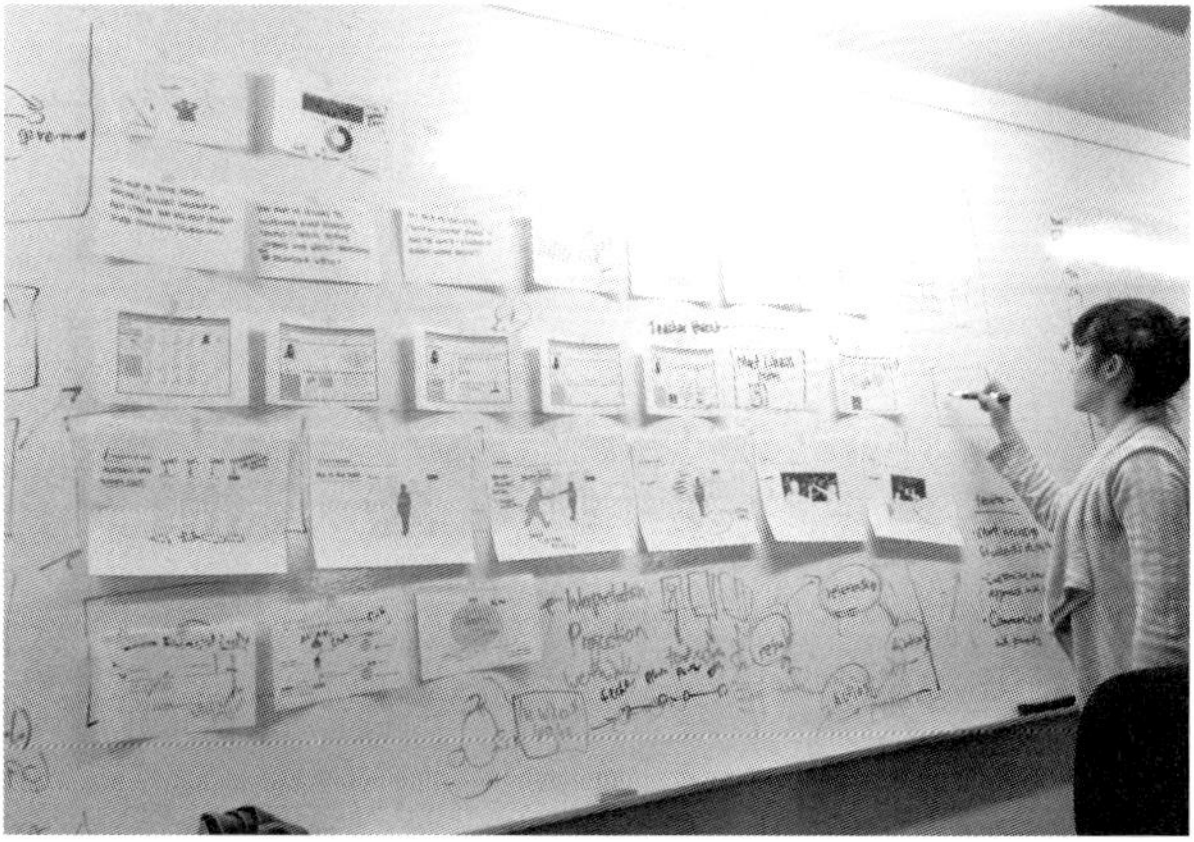

A4半分のサイズの紙（ハーフシート）を使ってのプレゼン設計

境を作るのは投資が必要ですが、それに代わるツールを使うことでかなり安価で環境を整えることが可能です。これは誰でもできる第一歩になりますので、ぜひとも皆さんの職場環境や、ご自身の生活の中に少しでも創造モードに替えられるスイッチを埋め込んでみてください。きっと、それが第一歩になります。

EXERCISE 4

ポンチ絵でノートをとるビジュアルノート

あなたが創造モードに入りたいとき、ぜひノートやメモを手書きで絵をまじえながらとってみて下さい。いきなり書いて消せるフリクションペンと、付箋を使えば、失敗を恐れずにビジュアルでメモを取ることができ、あなたの思考はよりクリエイティブになります。

その際、次の3つのルールを順守してみてください

3つのルール

ルール①：付箋の使い方にルールを設ける

バラバラな色の付箋に同じ要素を書いてしまうと、何の情報か瞬時に見分けるのが難しくなりますので、ルールを作り視認性を上げることが大切です。

ルール②：消せる三色ペンを使う

ルール③：手帳の裏に付箋を少量貼っておく

アイデアはいつどこで思いつくか分かりません。普段使う手帳のページ裏に何枚か貼り付けておくと便利です。

まずは描いてみよう！

まずは、ウォーミングアップ代わりに棒人間でも良いので人を描きましょう。その人は何を持っていて、どこにいるのかを背景に書き加えると状況が見えてきます。

EXERCISE

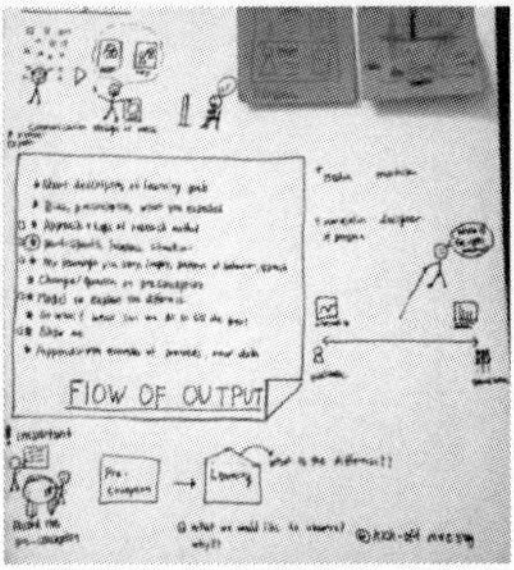

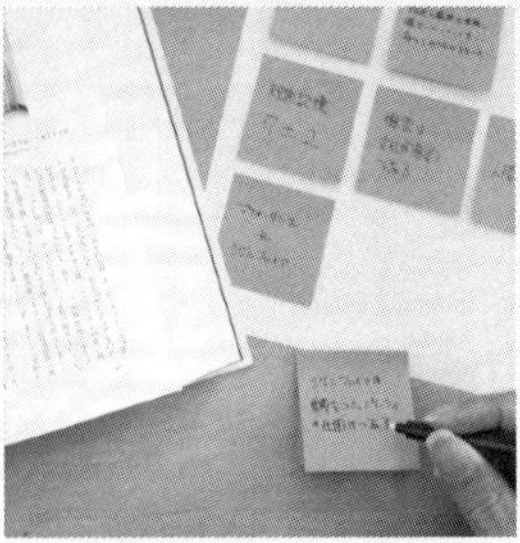

会議や講演のノートはイラストで

週次の定例会議など、余裕のある会議では聞いた話をポンチ絵で書いてみましょう。

付箋（中）に気付きを書いていく読書ノートは、

気付いたことを中ぐらいの付箋にメモ書きをしながら本を読み進めていき、書き留めた付箋をA4の紙に貼り付ければあとで、学びを並びかえて、自分なりの知見に早変わり。

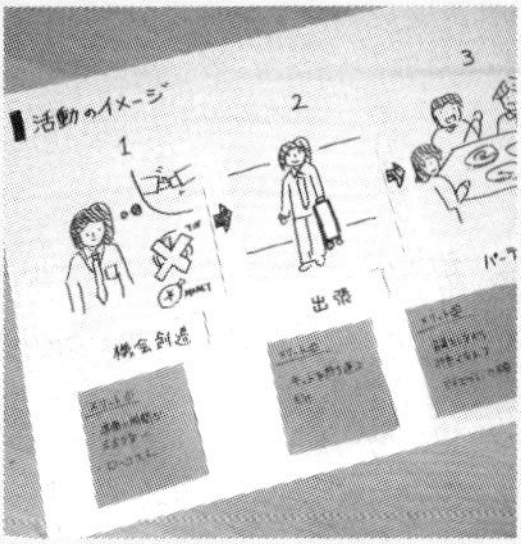

紙と付箋を構成して
パワーポイントのプロトタイピング

A4の紙に付箋を組み合わせて構成しながら貼り付けることで、パワーポイントのスライドのラフスケッチとなり必要な要素出しが可能です。

貼った付箋はデジタル化し共有する

複数枚の付箋をまとめてデータ化し、編集して書き出せる「Post-it」や、CamScannerを使ってpdf化すると、手書きの内容をデジタル上で活用できます。共有や保存に便利です。

column

日本人とデザイン思考

ある日本人の方がデザイン思考について記述した文章を引用します。まずはなにも言わず、次の文章を読んでみてください。

「日本人の性格が、『デザイン思考』について持つ利点と欠点について触れたい。利点としては日本人が日常体験を重視する人々だということである。しかし、その発想が、発句にもたとえられる息の短い発想ではなく、複雑に情報を組み立てていかなければならない発想の場合には、ある種の根気が必要になる。せっかちで飽きっぽいくせのある日本人はある意味不利なのである」

「『日本人と情報処理』という問題がある。少なくとも今日の日本人の実情から見ると、現在の仕事のやり方の弱点は、情報処理を計画的にやらない、という点かと思う。自分の頭のなかに、体験的に積まれている狭い情報の範囲内で、勘を働かせてその情報を統合的に処理する。その能力においては、日本人は世界でもまれな才能の持ち主だろう。しかし、その範囲を越えた複雑な情報処理に直面すると、面倒くさくてやろうとしない。その正道を踏まず、なすべき情報処理に金を出し渋って、物事がやれると思っている」

実は、この文章は1960年代に書かれた本からの引用です。『発想法─創造性開発のために』（川喜田二郎著、中公新書、1967）のテーマである、「KJ法」を「デザイン思考」に変えただけなのです。50年たって、まったく色あせない内容だということは、それだけ本質をついているといえるのでないかと思います。

こうした状況は、「ある、ある」と思いませんでしたか？　アメリカと日本のグローバル企業での勤務を両方経験している私にとっては、かなりうなずけることでした。

さらに、引用を続けます。

「日本人は、いざという土壇場のところでは、理論はとらずに『実感

column

信仰』をとるくせに、表面的にはいかにも理論を信じているように自分も思い込むし、時にはそのようなジェスチャーもするのだ。最後は日常体験ないし、『生活の知恵』のようなものを信頼しているのに、頭のてっぺんでは欧米の理論を信じている。その双方に関連がない」

「日本人は足下の体験から何かを『総合する』個人能力が、アメリカ人よりも優れていると思う。ただし、日本人は体験を総合化する、という直観力にすぐれているために、かえってその武器に最初から最後までぶらさがろうとする。そのために日本人が『デザイン思考』を使いこなしにくい理由の一つがあるのだ。『そんな面倒な方法をとらなくても、自分はいろいろな現実のデータから直観的に総合できるのだ』といううぬぼれがある」

「日本人は一時的な直観体験から一挙に総合化して、ある問題解決の道を見いだすヒントをつかもうと焦るのである。そのため、そのような方法ではついに不可能な複雑な問題にぶつかると、諦めてしまう。そして、どこかに頼るべき手本はないか、モデルはないか、という模倣の姿勢に一気に転じるのである。息の短い直観的総合力と、それに伴う息の短い創造力。それでものごとを処理できないと、たちまちにして模倣に転じる」

私は、この本を熟読していくなかで、創造的なアイデアを生んでいくために必要なプロセスについて、1960年代にすでに川喜田二郎氏によって体系的に説明されていたことを知りました。

いま、ＫＪ法というと、「ブレーンストーミングをした後のポスト・イットのまとめ方」として定着していると思いますが、彼がもともと行っていたＫＪ法は、私が留学を通じて学んできたデザイン思考のプロセスや考え方とほぼ同じものです。

そして、「野外科学」と川喜田氏が著書の中で呼んでいるフィールドサイエンスが社会科学から生まれたことや、アメリカで生まれたブレーンストーミングの手法に彼自身が考えだしたデータの統合の手法を組み合わせ、フィールドワークから、データ分析、統合、そしてプロトタイピングとその検証という一連のプロセスを全て定義していた

column

ことを知りました。

彼は、さらに、欧米の「有の哲学」に対する、東洋の「無の哲学」に触れており、人への共感を通じて自分の枠組みから出ることの重要性や、禅などのマインドフルネスと創造力の関係についても触れています。これはLESSON1で説明した、右脳モードを活用するということにすでに踏み込んでいたことがわかります。

私にとっては、デザイン思考の手法やプロセスを世界で先端を行っているといわれていたアメリカで学びながら、そのルーツに50年前の日本人を発見したことは大変な驚きでした。デザイン思考に興味をお持ちの全ての方に、『発想法―創造性開発のために』のご一読をお勧めします。

LESSON 5：キャリア

デザインという
ビジネス・キャリア

デザイン、テクノロジー、ビジネスは、異なる3つの世界だと考えられている。しかしわたしは、これらをひとつにつなげて考えたい。

前ロードアイランド・スクールオブデザイン学長
ジョン・マエダ

ビジネスマンにとってのデザインスクールという選択肢

ビジネスマンがキャリアアップをする際の有力な選択肢として、ＭＢＡが有力な選択肢です。

しかし私は、ＭＢＡへの進学はまったく考えませんでした。これは私の持論ですが、今後の社会は「変革と創造の時代」に入っていくなかで、ビジネスのリソース管理のスキルを主に学ぶＭＢＡ（Business Administration）ではなく、今存在しない価値を創り出すスキル（Creation）が必要とされる時代がくるという時代の認識がありました。

デザインスクールへの留学時代には、ＭＢＡで学んでいる友人もたくさんできました。「はじめに」でも書いたように、デザインスクールで教えられている創造の方法論について彼らの間でとても興味関心が高まっていました。

ＭＢＡに学んでいるたくさんの友人たちとの会話からわかったこととして、ＭＢＡに行くことの本質的な価値とは、次世代のリーダーシップ教育と起業家教育、また特にトップスクールの場合にはネットワーキングにあるようです。もちろん、統計解析やファイナンスのスキルがビジネスの実務に役立つ価値に転化されやすい分野として挙げられますが、マーケティングや事業企画、商品企画などの分野については、分析的なアプローチにとどまっており、実践的とはいいきれない印象があるようです。

企業で企画やマーケティングをしていた立場でMBAに在学している人の話を聞くと、MBAでは体系的に実践してきたことを振り返ることはできても、実務能力を高める上では、必ずしも現場で必要なスキルとは異なるという印象を持っている人に何人も出会いました。そういう人は、デザインの授業に興味を持っていたり、実際に自分で起業することで学び取ろうとしていました。

アメリカのMBAの卒業生の進路でも、これまでは金融やコンサルティング会社に進むのが人気のコースだったものが、最近では起業や社会起業などのキャリアがいちばん人気になるという変化が起こっているといいます。MBAのようなエスタブリッシュメントとの世界においても、今までにない社会的価値を創りだすためのスキルがますます注目されているのはこのためです。

そのためか、大学側もこの流れに対応して、デザインのプログラムをカリキュラムに取り入れる動きも加速しています。たとえば、私が留学中に訪れたMBAだけでも、次のような一流ＭＢＡがデザインのプログラムを併設していました。

- スタンフォード大学 d.school：スタンフォード大学エンジニアリングスクールがつくった学際クラス
- トロント大学ロットマンスクール：MBAプログラム自体に、デザインやビジネスデザインなどのプログラムが入り、本格的にデザインとビジネスを融合したプログラムを実施
- MIT：授業の1つとして、ボストンにあるロードアイランドスクールオブデザインと組んだプロダクトデザインの授業を実施
- ノースウェスタン大学ケロッグスクール：MMMというプロジェクト型デザイン思考の授業を取ることができる
- クレアモント大学ドラッカースクール：デザイン思考と、組織開発をMBAに組み込んだ先進的なプログラム

これらのプログラムの重点は、あくまで将来のリーダーを育てるリーダーシップ教育であり、そのための視点の１つとしてデザインという新しい価値を創りだす部分を

補完するということになっています。具体的に「創りだす」スキルについては、個別の授業で全て学べるわけではないため、彼らはデザインスクールの内容に興味を持っていたのでした。

MBAでは学べない、創造力の学び方

一方で、マーケターや企画者として新たな商品やサービスを発想したり、いろいろな人を巻き込みつつ精緻なものに作りこんでいくアプローチやスキルについては、IDのようなビジネス視点を取り入れた美大のデザインプログラムやデザインスクールで学ぶことができます。特に、ビジネスサイドから学べるデザインという意味だと、以下のような学校が存在します。

- イリノイ工科大学ID（米シカゴ）
- カーネギーメロン大学（米ピッツバーグ）
- パーソンズ（米ニューヨーク）
- アートセンター・カレッジオブデザイン（米カリフォルニア）
- ロイヤルカレッジオブアート（英国　ロンドン）

- ロンドン芸術大学イノベーションマネジメント（英国　ロンドン）
- ミラノ工科大学（イタリア　ミラノ）
- ドムスアカデミー（イタリア　ミラノ）
- アアルト大学（フィンランド　ヘルシンキ）
- デルフト工科大学（オランダ　デルフト）
- アイントホーフェン工科大学（オランダ　アイントホーフェン）

これらは、クリエーター教育の一環として、ビジネスという分野を扱っています。MBAは組織として経営者視点でマクロな視点から、デザインスクールはよりクリエーター個人の視点でイノベーションについて学ぶ場所です。そのため、MBAとデザインスクールの両方に通う方もいます。IDにはMBAとデザイン修士の両方の学位を取れるプログラムもありました。

創造という行為に一般の人でも取り組みやすい環境になっている今、ビジネスマンも経営者を目指すこと以外の道、すなわち自分自身がビジネスクリエーターとしてのキャリアを歩むためにデザイン修士に進学するという選択肢があってもいいのではないかと思います。

私が留学中に「ビジネスとデザインの交差点」というブログを始めたことがきっかけで、大手戦略コンサルや商社でＭＢＡ進学を考えていた後輩が、デザインスクールへの転身をするなど、実際に上記のようなことを肌で実感する人もビジネスサイドには増えているように思います。

また、この5年で日本でも社会人向けのデザインを学べる場が増えてきています。現在は東京大学、東京工業大学、一橋大学、京都大学等でもデザインのプログラムが始まり、私自身も大学院大学至善館におけるＭＢＡ教育でデザイン思考を教えたり、多摩美術大学が始めた社会人向けのデザインプログラムＴＣＬにおいて教鞭をとるようになりました。ビジネスマン向けのデザインプログラムは多くの人にアクセス可能になっています。

ビジネスとデザインの交差点

実務でも、ビジネスとデザインがどんどん近づいてきていることを感じています。アメリカで最大級のベンチャーキャピタルＫＰＣＢは、デザインパートナーとしてアメリカ最高の美大の1つロードアイランドスクールオブデザインの学長ジョン・マエダを招き入れました。彼は2015年当時のアメリカのスタートアップのイベント

SXSWにて、ビジネスとデザインが近づいてきている背景として、次のようなプレゼンテーションを行っています。

- デザインファームを大手企業が買収し、クリエイティビティを取り込んでいるトレンド（Flextronics が frog design、Accenture が Fjord を買収したのをはじめ、Facebook や Google は複数のデザインファームを買収）
- デザイナー発のスタートアップが増えているトレンド（Airbnb や Pinterest、Lynda.com などはその代表的な成功例）
- デザイナーが共同創業者に入っているスタートアップの成功率が高まっているトレンド（27個にものぼる）
- ベンチャーキャピタルがデザイナーをチームに招き入れているトレンド
- トップ10のMBAにおいて、生徒が自主的に運営するデザイン活動が増えているトレンド

ジョン・マエダはこの講演の中で、ムーアの法則に代表されるエンジニアリング的な価値に加え、ユーザーの感情を揺り動かす体験価値、つまりデザインの価値が付加

されてはじめて、価値になる時代だと言及しています。さらに、デザイナーをビジネスサイドの人間がうまく活用することがビジネスの成功に大きな差別化要素になると指摘しています。この流れは、今もさらに加速しています。

デザイナーをうまくビジネスや経営で活用することが必要ですし、同時に、うまくデザイナーとコラボレーションするには、ビジネスサイドでもデザインを共通言語としてわかっていることが非常に大事になっています。

デザイン思考のビジネスの実務家にとっての意味

「デザイン思考」は、デザイナーが0から1を生んでいくために無意識に実践している考え方を、ビジネスマンが新たな価値を生み出すための方法論として整理したものです。

一方で、日本ではデザインというと、グラフィックデザインや、商品自体の外観のデザイン（専門用語では意匠と呼ばれています）とみなされがちなこともあり、面白そうだけど「ビジネスの実務家にとってどんな意味があるの？」という質問をよく受けます。

私の理解では、デザインの方法論は、大企業、個人を問わず、自分でゼロから企画を立ち上げたいと思うあらゆる人にとても役立つ方法論です。企画というのは、新規ビジネス、新規のイベントなどはもちろんですが、社内向けのプロセスを改善する企画を含め、必ずしも企画職だけのものではありません。マーケター、商品サービス企画、広告代理店の営業、商社や事業会社などで事業開発などの企画色が強い仕事はもちろんのこと、個人で2枚目の名刺として新しい企画を仲間と立ち上げる人や、スタートアップを作りたい人、NPOや社会起業家、そして、管理、人事、経理などの部門でも社内に新たなプロセスを創りだしたい人などにもとても有効な方法論だと思います。

具体的に私が思うデザイン思考を活用した働き方のメリットは次の通りです。

- ユーザーニーズ不在の企画を避けることができる
- 立ち上げチームが同じ方向を見て、動くスピードが速まる
- チームとしての発想力が増える
- プロセスが見えにくい企画プロセスの共通言語となる

一方で、デザイン思考をしっかりと実践しようとすると「全部のプロセスをやって

るお金も時間もない」という壁に直面するでしょう。実際に、ビジネスの現場では、企画書を作るのは1カ月、あとは実際に立ち上げてみて判断する、というようなスピード感で動かなければならないことも多いはずです。

私がお勧めしているのが、デザイン思考の一部だけを日々の業務のやり方を変える形で活用する、もしくは全部のプロセスをスピーディーかつ簡易な形で行い、企画のたたき台であるβ版を作りながら検証するようなやり方です。

忙しい日常の中でデザイン思考を実践するコツ

ちょっとした工夫をするだけで、デザイン思考を実際にビジネスに取り入れることができるようになります。

スタンフォード大学 d.school とIDEOの創業者でもあるデイヴィッド・ケリーはその著書『Creative Confidence（邦訳：クリエイティブマインドセット）』の中で、「長年企業と働いていた経験のなかで、周囲の環境が〝クリエイティビティを殺してしまう〟環境である場合に役立つデザイン思考の実践方法の9つのヒント」を紹介しています。

1　自分が創造力を持っていることを信じ続けることを強く決意する
2　日々、旅人のような気持ちで、周りの世界から新しい発見を探そうとする
3　常にリラックスし、周囲にオープンな雰囲気を作りだす
4　ユーザーに寄り添い、共感しようとする
5　まず、現場に行って観察しようとする
6　「なぜ」を繰り返す
7　目の前で問題が見えていても、視点をずらして、本質的課題に置き換える
8　自分の創造力を応援してくれるネットワークを作る
9　偶然の出会いを大事にする

自分1人で実践できる創造の習慣

留学後、日々の習慣を通じて創造力を高めることを意図して、日常に取り入れるようになった習慣があります。

次はその一例ですが、これらは心がけ次第で実践しようと思えばできるものばかり

です。

1 身のまわりの小さいものでも、自分にいちばん合った形に工夫して作り変えてみる
2 日々、スマホのカメラで、面白いなと思ったものを写真で撮って残す
3 チームメートとのミーティングは、できるだけ「最近興味を持っていること」を最初に話す
4 アイデアを思いついたら身近な人にまず話してみる
5 2次情報を信じないで、会社を抜け出し現場に行って、人に聞いて判断する
6 現場の膨大な情報をブログに書いて発信し、それをネタに人に話す習慣をつける。説明するために「なぜ」を考えざるを得なくなる
7 いろいろな課題が見えてきたら、それを包括できるような大きな問いかけ「そもそもそれって何でやるの？」を考え、チームメンバーに質問する
8 アイデアを思いついたら、「ポジティブに反応してくれそうな友人」2、3人にぶつけてから、他の人に話す
9 フィールドワークに行くときは、バッファを持って、その場で知ったこと、

組織の中でデザイン思考を実践しやすい環境をつくるヒント

組織の中で創りだす技術を実践しようとしたときに、それを仕事として認めてもらうための地ならしも重要です。忙しい日々の生活の中で、組織内で十分に理解を得ていないやり方を仕事で実践するのも一苦労でしょう。

『クリエイティブ・マインドセット』では、デザイン思考での仕事の仕方を上司に認めてもらうヒントについても、紹介されています。

- まず、今あるプロセスの上に乗っけるやり方を工夫する
- また、与えられた仕事に加えて、新しい創造的なアウトプットを乗せる
- 与えられてないことを、追加で全然違った形でやる

- （もし逆に、マネージャーの役割だったら）イノベーションの許されるスペース（余地）を作る

一度認めてもらったら、それを持続させるためには、次のようなことを気をつけるべきと言っています。

- 「大きく、かつ簡単にアウトプットが出る」ことからはじめる
- 普段と違ったことを簡単に実験してみるやり方を探す
- インスピレーションを与えてくれる仲間をできるだけ近くに置く
- 外部で支援してくれる仲間を持つ（オープン・イノベーション・コミュニティ）
- 常に学ぶことを楽しむ

今している仕事の仕方をちょっと変化させて、デザイン思考を「普段の仕事に溶け込ませる」ためのアプローチを工夫することがお勧めです。私も留学から戻った後に意識するようにしました。日常でも無理なくできるヒントをご紹介します。

リサーチ

- チームメンバー同士のインタビューや、社員など比較的近い人にランチ時間を使ってインタビューをする。1週間で5人に1時間インタビューをするだけでも、今までの日常の自分とは違ったインサイトが多く得られるはず（所用ランチ時間1週間分）。
- オフの時間に仲間とテーマを決めてワクワクする場所にいく。プロジェクトのヒントとなりそうなものをひたすら写真で撮りまくる期間を作る。チーム3人くらいでやればそれなりの観察効果がある（休日半日）。

分析、統合

- インタビューしながらの学びをポスト・イットで記録しておき、そのまま、インタビュー終了後グルーピングすることで、短時間ですませることができる（1時間）。

プロトタイプの方法

- 普段ブレーンストーミングをする際のやり方を変える。ポスト・イットに加え、

Ａ４の紙を半分に切った紙とカラーペンを用意し、絵を使ったビジュアルスケッチによるアイデア出しを試してみる（1時間）。

- 新規ビジネスのアイデアのうちよさそうなものがあれば、その場でビジネスモデルキャンバスを使った、ビジネスモデルプロトタイプまでやってしまう（30分～1時間）。

プロトタイプの検証

- 自分たちの考えているコンセプトを1枚のスケッチにまとめて日々持ち歩き、夜飲んだ友人に、おもしろ半分に反応を聞いてみる。

これだけだったら合計1～2週間、ちょっと追加で時間を使えばできることばかりです。日々の仕事の中や、仕事が終わった後に有志で実行することも可能でしょう。これらを確実にやり始めるためには、まずは業務ではないことではじめてみるのも1つの手です。業務外であれば、誰もあなたを止めません。

そのためには、この作業自体を自分を含めたメンバーが「楽しそう」と思えるかたちで企画することが大事です。「楽しそうだからやろうよ」と言って始めた活動は続きやすいし、形になりやすいものです。

余談ですが、私が立ち上げに携わったソニーのＳＡＰ（Seed Acceleration Program）という新規事業創出のエコシステムは、私を含む数人の有志によってもともとは業務外で進めてきた企画です。このような「仕組み」の企画もデザイン思考的に生まれたのです。

越境人材という道

時代の変化のスピードが速く、かつ常にイノベーションを求められ続ける世界の中で生きていくために、キャリアをどのように考えたらよいのでしょうか。

私が留学前に悩んだのは、ＭＢＡと違ってデザインやイノベーションの大学院に進学したとき、卒業後のキャリアが非常に見えにくいことでした。

その理由としては、デザインやイノベーションの世界は、まだ新しい分野であることに加え多様なキャリアや強みを持った人が強みを混ぜ合わせ新しいものを創る異種格闘技戦のような世界であることが挙げられます。同時に、イノベーションという「今までにない価値をつくる」新大陸においては、そのキャリアを自分で作っていくというマ

イノベーションを担う3つの輪

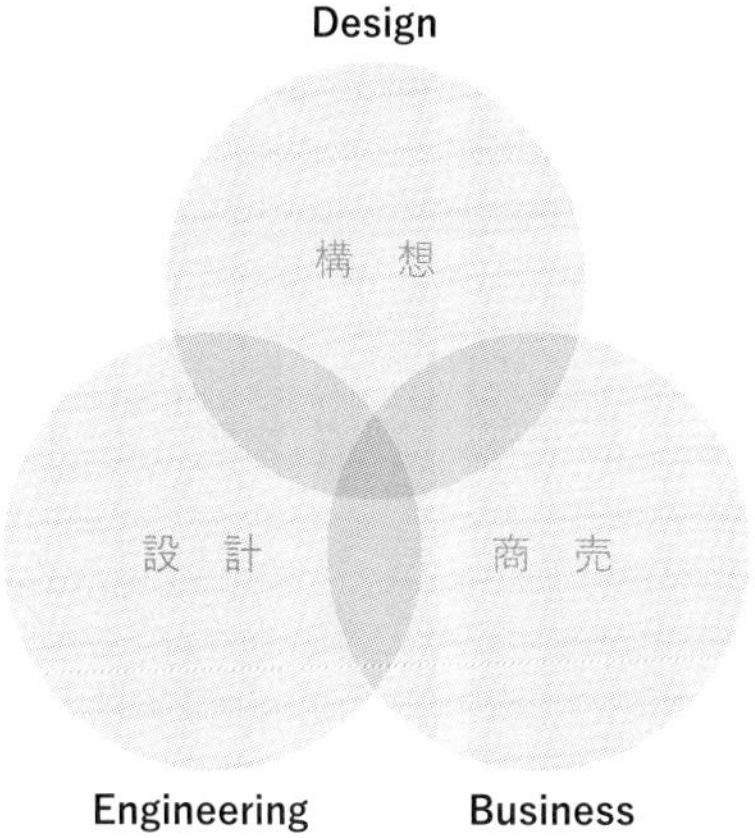

インドセットも同時に要求されるのです。

そのためビジネスパーソンにとってはこの創造の新大陸におけるキャリアは「白地図」を自分なりに埋めていくようなものだといえます。その上に都市を見つけたり、道を描いたりするのは、私達自身だということなのです。

ここからは、「創りだす」世界において、キャリアを作っていく上で気をつける方がよい視点をご提供します。

越境人材の時代

イノベーションを語る上で、デザイン、エンジニアリング、ビジネス、という3種類の人材が交差する〝地図〟を描くことが重要です。

自分と違うスキルを持った人とチームを組むことをベースにしたとき、自分がどの領域をコアにして強みを発揮し、他の領域を得意とする人と組む必要があるのかが明確になります。

ちなみに、デザイン、エンジニアリング、ビジネスを担う人材とは、必ずしもデザイナー、エンジニア、ビジネスマンでなければならないわけではなく、相当する機能を果たせる能力があればよいのです。たとえば、以下のように定義することができます。

- デザイン：人間の生活にとって理想的な姿を描く力（What to do）
- エンジニアリング：理想的な姿への解決策を実現させる力（How to make）
- ビジネス：解決策のインパクトを持続可能に最大化する仕組みを作り、人を動かしていく力（How to maximize）

イノベーションの現場を担う人材を育成するデザインスクールでは、未来を構築する役割を担うデザイナー、それを実現可能な形に引っ張り上げるエンジニア、そのインパクトを最大化する役割を担うビジネスマンの３つの職種を集めて新たなイノベーションを生むというコンセプトが提唱されています。

過去にはこの3つの機能は分業で行われていましたが、少人数のチームで協業できる人材を育成する方向に向かっているのです。

越境人材というキャリア

デザインスクールが目指しているのは、3つの専門性の分業のみならず、3つの円の交差点にいる「越境人材」と、それに派生する新たなスキルセットを持った職種の育成です。

たとえるならば、サッカー日本代表のオシム元監督が好んだ、様々なポジションをプレーすることができ、ゲームの展開によって様々な役割を果たせるメンバーによるアメーバ型のチームを担う人材といえます。

3つの円の交わりを実現する人材とは、自分の専門性がない分野についてもある程度相手の言語を理解して話すことができ、かつ簡単なプロトタイプくらいなら違う分野のものでも作ることができ、それをもっと専門性のある人に見せて動かすことができる基礎能力を持つ人のことです。

日本の大企業では、多くの場合、デザイン、エンジニア、ビジネスを担う機能は組織上完全に別になっているのが普通です。キャリア上も、美大出身、理系工大出身、総合四大出身であるのが一般的で、多くの場合はそれぞれで独立したコミュニティを作っています。コミュニティの雰囲気はもちろん、その中で使われている言葉もまったく違っています。このような、まったく違う背景を持つ人たちを結びつけて付加価値を出すためには、それなりの前提が必要になります。

デザインスクールで教えている、人間中心デザインのプロセスやプロトタイプを作る能力、コミュニケーションデザインは、いずれも越境人材の付加価値を出すために必須の能力と言っても過言ではありません。

なぜ越境者が価値があるのか——T字型からH字型人材へ

日本においてデザインの世界は、美大出身の閉じたコミュニティという傾向が強かったようですが、デザインの実務の世界においても、同じような越境人材とその越境を繋ぎ合わせる力が必要になってきているようです。

元英国デザインファーム出身で、パナソニックの戦略デザイン部門FLUXを率いる池田武央氏は、デザイナー側からの越境者の役割として、「T字型人材」から「H字型人材」への変化を提言しています。

ビジネスマンにとっての「創りだす」キャリアの白地図

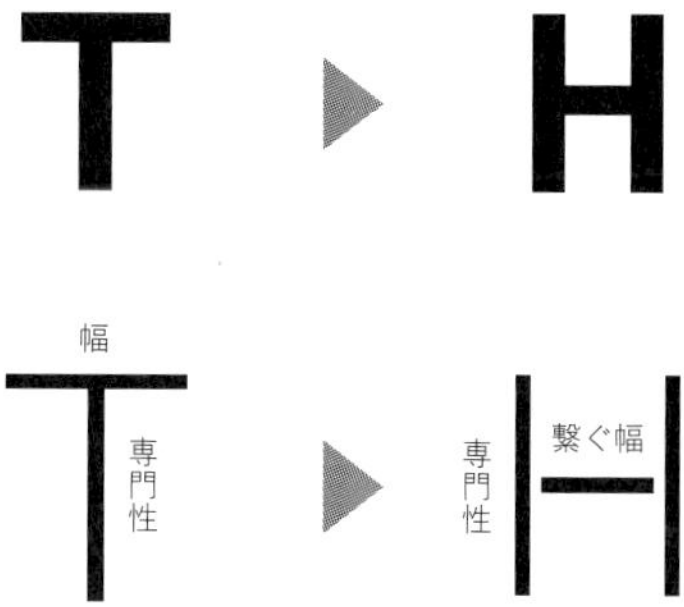

　人事評価の世界でよくいわれている「Ｔ字型人材」とは、特定の分野を究め、その深い専門知識と経験・スキルの蓄積を自らの縦軸に据えつつ、さらにそれ以外の多様なジャンルについても幅広い知見を併せ持っている横軸を持つ人材のことです。

　デザイナーの世界でもこれまでは、デザインスキルという専門性という縦の棒に加え、いろいろな分野をカバーできる視野を持つＴ型人材が重要でした。それに対し、人材開発の世界では、π型人材と呼ばれる、２つの専門性を持ち視点を切り替えて考えることができる人材の重要性が指摘されるようになりました。

　しかし、様々な人々が協働でイノベーションを生んでいく時代においては、必要なスキルが多様化しており、複数の人が持っている専門性を組み替えて活用する力が必要になってきています。

H型人材とは、強い専門性が1つあり、他の人の専門性と繋ぐ横棒を持ち、ほかの人とつながってHになるという〝人と繋がりやすい〟人材の像です。

これからのデザイナーには、専門性という縦棒を持った複数の人々をデザインの力の持つ未来の発想力や、可視化能力を使って繋ぐ力が重要になっていると池田氏は語ります。

池田氏は、同じくビジネスとデザインとエンジニアリングが高度に融合したプログラムとして有名なフィンランドのアアルト大学のデザインプログラムを卒業していることもあり、ビジネスとデザインを繋ぐことができる、H字型のスキルを持ったデザイナーとして、デザインの本場ロンドンで活躍しています。

このような人と人と繋ぐデザインができるH字型人材については、デザインの世界に限らず、社会の大きな変化の中で必然的にニーズが高まっている人材像であるように思います。

インターネットが普及し、みんながスマホでソーシャルネットワークを使う時代になり、個人が個人レベルで実現できることが増えてきています。ソーシャルネットワークのハブとなっている人に、情報が集まる現象が起こっています。

人と人、会社と会社を繋ぎ合わせるハブとなっている人の役割はより大事になります。ある程度人脈や知識の幅が広く、いろいろな背景の人と話ができたり、違うコミュニティで生きている人のことをよくわかっている人が、新たな組み合わせからイノベーションを生むのです。その繋ぎをうまく進める上では、自分の専門性を持ち、他の人の専門性とつなぎ合わせるH型人材の役割がより重要になります。

早稲田大学の入山章栄教授によると、このH型人材は経営学用語ではバウンダリスパナーと呼ばれ、組織内のイノベーションを生み出す媒介として不可欠な人材とされています。

かつては、自分の専門性を磨き、レバレッジをかけて他分野の専門家と分業し、戦略的に大きなインパクトのある成果を出していく働き方がよいとされていました。しかし、変化が起きやすい今の時代においては、柔軟性を高めるために、のりしろの役割を果たせる越境人材の価値が高くなってきているのだと思います。

このような意味で、デザインスクールが教えるデザイン、エンジニアリング、ビジネスの越境人材として身につけるべき人間中心デザインやプロトタイピング、コミュニケーションデザインなどのデザイン思考は、ハブとなる人にとって強力な武器となるでしょう。

イノベーションの世界におけるキャリア・パス

イノベーションの世界におけるキャリアの基礎能力がH字型人材になることであるとしたら、そのスキルを持った人が就く職種は図に表すようなものになると考えます。この図は、先述のデザイン、ビジネス、エンジニアリングの3つの輪に、外側を場づくりを行うという器で囲った図になります。そして、イノベーションの中におけるキャリアの多くはこれらの重なる領域や隣接領域に生まれているのではないかと思っています。

同時に、図は以下の3つのトレンドを表していると考えられますので、次にこれらを説明します。

① デザイン、エンジニアリング、ビジネスの交差点で生まれる新たな職業の出現

② 世の中にＷＨＹを問いかけ続けるアーティスト的な起業家への道

21世紀のイノベーションキャリアの地図

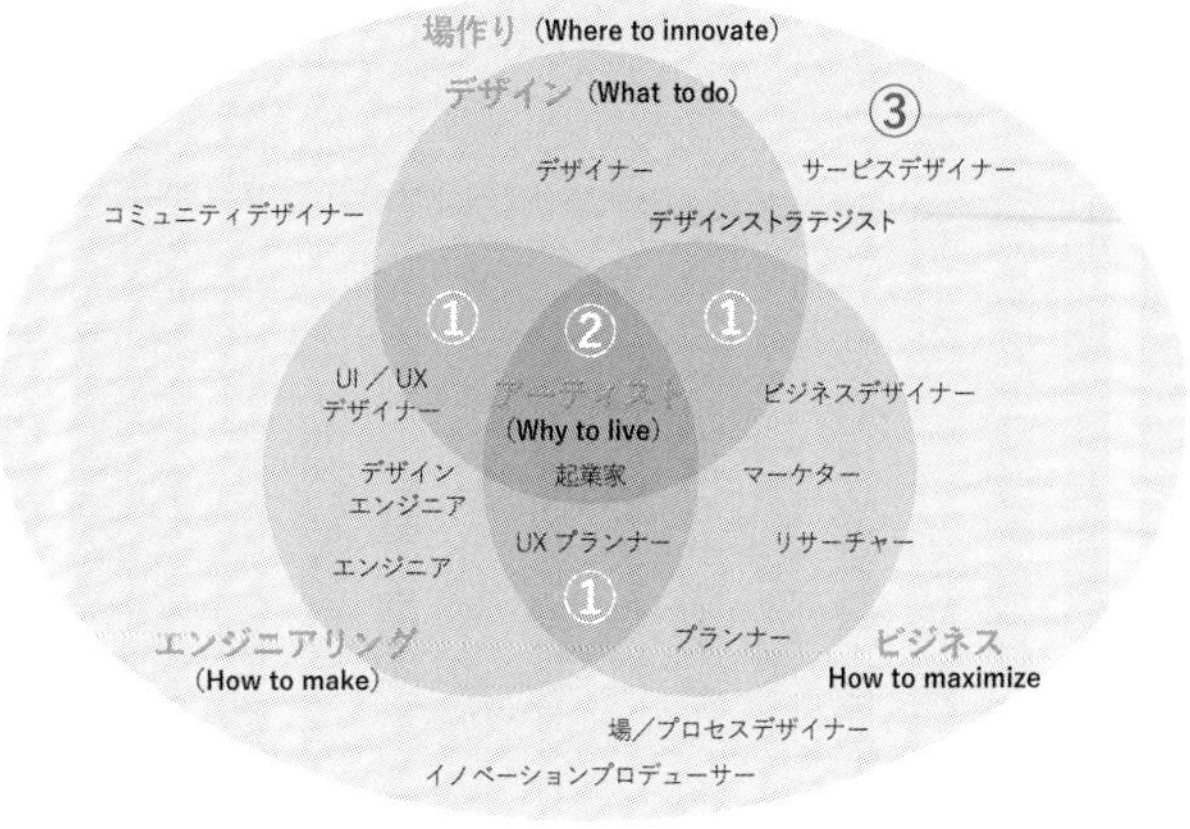

③ デザイン、エンジニアリング、ビジネスのコラボレーションを促すプロデューサー

① デザイン、エンジニアリング、ビジネスの交差点で生まれる新たな職業の出現

デザインスクールに通うデザイナーやエンジニア、ビジネスマンも、図の①〜③のどれかの越境点で勝負したい人が多い気がします。

それらの越境点で生まれている新たな職業としては、以下のようなものがあります。また、そういった職業にはどういう得意分野から移行しやすいのかについても、参考までに記載します。

○デザインストラテジスト（リサーチ×デザイナー）
デザインだけではなく、デザインリサーチとユーザー目線の商品やサービス戦略を作れるデザイナーへのキャリアチェンジ
↓リサーチャー、デザイナーから移行しやすい

○UI／UXデザイナー（デザイナー×Ｗｅｂもしくはハードウェアエンジニア）
特にウェブやタブレットなど、ハードとソフトが融合したインタラクティブな領域において、コンセプト作りと実装までをできるようなエンジニアの要素も持ったデザイナーへのキャリアチェンジ
↓ウェブエンジニア、ＵＩデザイナーから移行しやすい

○ビジネスデザイナー（マーケター×デザイナー）
戦略作りやビジネスモデル作りに強みを持つ企画、戦略コンサルなどのビジネスの人が、人間中心のデザインを学んで、実現力を高めるキャリアチェンジ
↓マーケター、戦略コンサルタントから移行しやすい

◯UXプランナー（企画×Webエンジニア）
ユーザー理解と、ビジネスモデル作りに強みを持つ企画や、マーケターが、最低限のエンジニアリングの知識を持った上でUX企画をしたり、逆に実現可能性の知識を豊富に持つエンジニアが、ユーザー理解やビジネスモデル作りを学ぶキャリアチェンジ
↓商品サービス企画、マーケター、エンジニアから移行しやすい

◯デザインエンジニア
エンジニアが自らデザインしてものを作ることはウェブではもはや常識ですし、ハードウェアの世界においてもこのようなことが当たり前になりつつあります。
↓エンジニア、デザイナーから移行しやすい

② 世の中にWHYを問いかけ続けるアーティスト的な起業家への道

このように様々な隣接する領域のイノベーターが向かっているのが、すべての領域が交わる真ん中へ向かう方向です。

先述のジョン・マエダ氏は、2012年 Wired のインタビューで以下のようなメ

ッセージを残しています。

「いま、イノベーションはデザイン以外のところで生じる必要がある。それを簡単にいうと、アートの世界ということになる。デザイナーが生み出すのが『解決策（答え）』であるのに対し、アーティストが生み出すのは『問いかけ』である。アーティストとは、他の人間にとってはまったく意味をもたない大義、けれども自分にとってはそれがすべてという大義を追求するために、自分自身の安寧や命さえ捧げることもめずらしくない人種である。

彼がつくり出そうとしていた未来に対するビジョンや、そのビジョンが表す価値観を受け入れ、それに対価を支払っている」

この話が示していることは、世の中の問題解決をするデザイナーの時代から、自分だけが信じる主観的な世界を世の中に問いかけていく問題提起型のアーティストの時代への変化です。

イノベーションは、科学者やエンジニアなどから起こる純粋な技術進歩的なものだけではなく、製品に新しい意味（製品の体験から得られる価値など）を付与するデザイン・ドリブン・イノベーションの概念のように、変化を遂げています。

そして、問題解決型のデザインイノベーションはもはや当たり前となり、これから目指すべきなのはそれを踏まえた上での問題提起型のアーティストによるイノベーションの時代だ、とジョン・マエダは語っているのです。

これはキックスターターなどで、起業家が実現したい世界観を提示し、それに対してファンが支援し様々な議論が行われ、起業家にリソースが集まっていくというようなイノベーションのあり方にも表れています

ビジネスマンの間でも、起業のハードルは下がっていますし、社内起業の場を大企業が用意するケースも増えてきました。

今後はますます、ビジョンを通じて、デザイン、エンジニアリング、ビジネスの3つの要素を持った人を統合していくキャリアを歩む人が増えてくると思います。

③ デザイン、エンジニアリング、ビジネスのコラボレーションを促すプロデューサー

次に、3つの円を繋げてイノベーションを実現するために、立場がばらばらな人やリソースを繋げる力、それを仕組み化するための場づくりをするプロデューサーの存在が挙げられます。

特にこの動きは、アメリカよりも、ユーザー参加型デザインの本場であるヨーロッパで盛んになってきています。イギリスの名門デザインスクールのロイヤルカレッジオブアートでは、「デザイナーはカタリスト（触媒者）であるべき」といった提唱がされています。

この新しい分野における貢献の仕方は、以下の3種類に整理できます。

○プロセスデザイン、ファシリテーション

たとえば、リアルな店舗サービスやウェブサービス、公共サービスのデザインを扱うサービスデザインという新しい分野では、異分野の人たちを集めたファシリテーションのスキルや、それを一歩進めた組織変革スキルが必要不可欠とされています。アメリカではJump Associatesなどの、デザイン思考と組織開発の世界を融合したコンサルティングファームが出てきています。

○場やコミュニティのデザイナー

建築やインテリアデザインにもともと強みを持つチームで、イノベーションが起こりやすい物理的な場のデザインをしたり、コワーキングスペースなどのコラボレーションスペースなどの場や仕組みのデザインなどを担う人。
さらには、その場にイノベーションを担う必要不可欠な人材を集めてくる人。

◯サービスデザイナー

主にウェブを中心にUXデザインを行っていたデザイナーが、サービスをデザインする際に、人や組織を巻き込むスキルが必要だと組織開発的手法を活用し始め、サービスデザイナーと名乗るパターンがあります。

これらのプロデューサーの職種はそれぞれ違う背景から生まれていますが、目指している方向は、環境や仕組み、そして人の関係性を含めてつなぎ合わせ、イノベーションを実現していくことであり、総称するとイノベーションプロデューサー型のキャリアといえるのではないかと思います。

ちなみに、ソニーの井深大氏と盛田昭夫氏のようにエンジニアとマーケターの組み合わせによるパートナーシップはうまくいくといわれていますが、これからの時代においては、自分の人生をかけて信じる新たなストーリーを具現化していく起業家と、社内外の様々なリソースを結びつけるイノベーションプロデューサーのコラボレーションが重要なのではないかと思います。

ビジネスとデザインの交差点におけるキャリア

もし、ビジネスマンとしてデザインとの交差点におけるキャリアをスタートさせるにはどうしたらいいかと問われたら、私の考えでは「ビジョンを持っている起業家型のクリエーターと一緒に働くことが最初のスタートとしては適切です」と回答します。

まず、デザイン思考のプロセスでプロジェクトを進めていく上でいちばん大切なことは、起業家型のデザイナーの持つ構想力を最大限に活用するという方向性です。それをサポートしていく上で、②〜⑤の支援機能が必要不可欠になります。

構想は自分自身が担い、それを具象化させるためにデザイナーと協働するという手法もあるでしょう。

私自身、ビジネス側の人間としてクリエイターとコラボレーションするうえで試行錯誤してきましたが、そこで活躍できる人を分類したのがこの5つです。

これらは、私自身がメーカーでイノベーションプロジェクトに関わり、デザイン、エンジニア、企画など様々な立場の人と仕事をした中で明らかになってきた貢献の仕

ビジネスとデザインの交差点の５つのタイプ

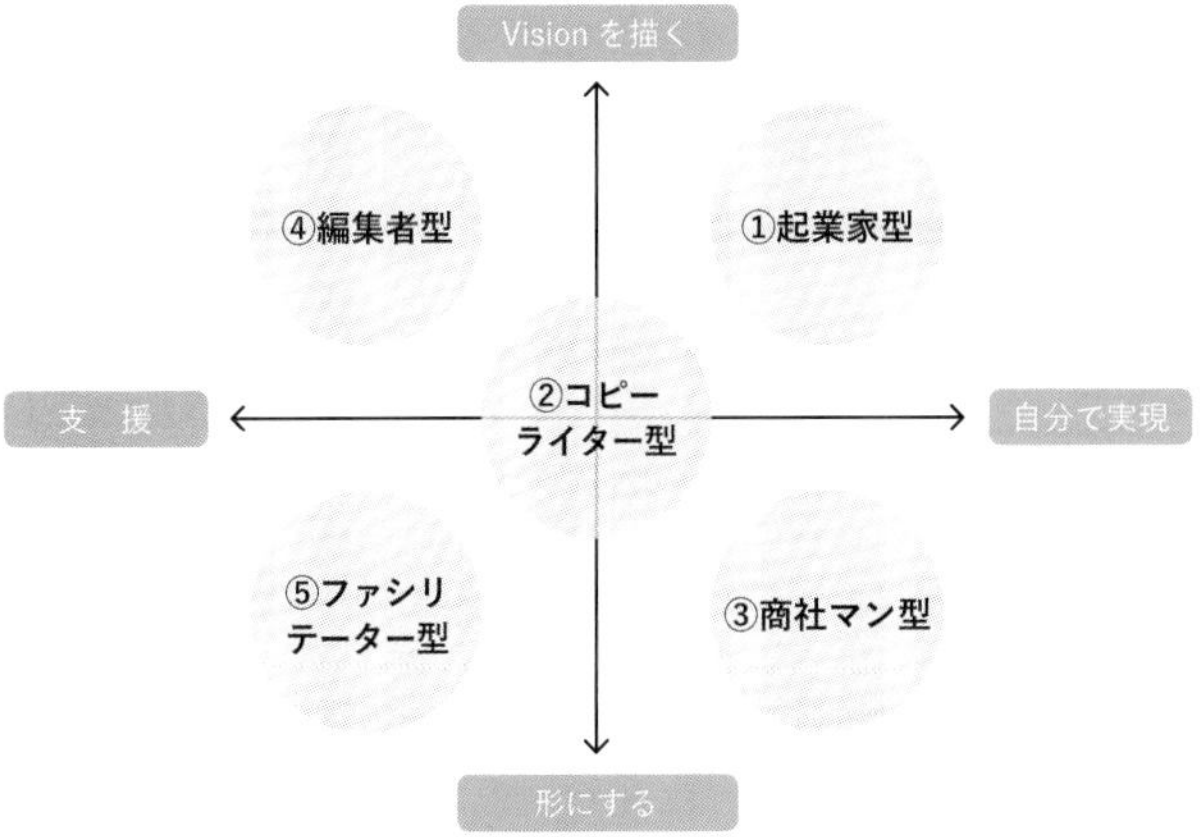

方でもあります。

①　起業家型〜ビジョンを物語る力

核となるビジョンやユーザー経験をビジネスモデルに変えていく構想力と、実行することが得意なデザイナーは、自らの持つビジネス構想力を活かして起業家となることができるでしょう。ビジネス視点からビジョンとビジネスモデルを構想し、お金と人を惹きつけていくスタイルです。

これは一種のビジネスと、課題解決というデザインを自然に両立してしまっているパターンです。

では、起業家になれない人は、イノベーションの震源地にいることはできないのでしょうか？　決してそんなことはありません。「起業家の構想力を実現に持っていくためのあらゆる支援」という領域には付加価値があります。その背景には、「デザイナーは、絵は描けるけれど、絵に描いた餅になりがちである」というジレンマがあるからです。

デザイナーの描いた絵を実現させていく支援の仕方としては、以下のようなスキルを活用して協業するパターンがあると思います。

②　コピーライター型～コンセプトの言語化力

起業家のビジョンをコンセプトに落とし、絵を言葉に翻訳するため、マーケティングのスキルを活用することです。特に、言語化、コピーライティング、ネーミングなど付加価値が高いものです。

デザイナーはビジュアルを作ることは得意でも、エッセンスを短い言葉に凝縮することも得意とは限りません。両方ができるデザイナーは一握りのデザイナーでしかなく、滅多にいません。

広告会社でコピーライターと、アートディレクターとプランナーがコラボレーションするのは、まさにこの付加価値の出し方です。

この軸で勝負する場合は、ビジョンやコンセプトを誰にでもわかる言葉に変えるコンセプトライティングと、価値を凝縮し統したネーミングを作ることなどが特に付加価値になると思います。

③　商社マン型〜ビジネスモデルデザイン力

コンセプトアイデアが出た初期の段階で構想されたユーザー体験を、収益モデルやパートナー戦略、チャネル戦略などのビジネスモデルの青写真を描き、実際にお金を払うユーザーや、パートナー企業と繋いで仕組みを仮説検証しながら実現していくタイプになります。

デザイナーから、ビジネスモデルや収益モデルのようなものがアウトプットされることは、ＩＤＥＯや gravitytank などのアメリカや欧州のデザインファームではかなり普通になってきています。しかし、日本ではまだ一般的ではありません。

構想したコンセプトスケッチやユーザー体験のシナリオをビジネス化するための青写真を描くビジネスモデルデザインは、デザイナーの構想の実現性を高めるためにとても価値がある貢献の仕方です。

商社やベンチャーキャピタルのような場所で収益モデルのパターン認識ができるく

らいの経験を積んでいる人にはこれが可能です。

④　編集者型～生活者の物語を編集して伝えていく力

生活者の物語をリサーチしてインサイトを集め、今後作っていきたい世界観の発想を刺激するストーリーを描いたり、そのトレンドが今後大きくなってくる可能性を示す編集者の存在も必要です。

デザイナーの書いた人間中心のストーリーを補完するデータの収集、編集を通じて、意思決定をするための材料を肉づけしていくイメージです。ユーザーリサーチで集めたストーリーに加えて、マクロデータを肉づけできれば強力なサポートになります。

さらに、マクロデータからデザイナーの力を使ってダイヤグラムやインフォグラフィックのようなビジュアルを作ることができれば、さらに強力な資料ができていくでしょう。

⑤　ファシリテーター型～プロセスデザイン、ファシリテーション力

リサーチ、企画段階における外部との共創の仕掛人になるファシリテーター型も重

要です。

SNSの活用に長けた人やファシリテーションができる人ならば、デザインリサーチのためにチーム外の専門家や初期ユーザー候補をつなげたり、ワークショップを仕掛けることができます。

デザイナーに新たなインスピレーションを与えつつ、チームづくりやパートナー開拓のお手伝いをすることができます。

また、新たなビジネスの生態系を作る必要がある場合には、社外との共創でビジョンを構想したり、コンセプトアイデアやビジネスモデルを描く場を作ることで、いち企業の枠を超えたコラボレーションのきっかけづくりができます。その過程で不可欠な社内の様々な部署からの支援を得るために、ワークショップを設計して巻き込んでいくことも、イノベーションプロジェクトを社内で広げていく上で、強力なサポートになるでしょう。

ビジネスとデザインの交差点で受け入れなければいけないこと

ビジネスマンがこれらのキャリアを歩んでいく上で、ビジネスの世界で生きてきた考え方の一部を捨てなければいけない面が存在します。

私が留学中に出会った、ビジネス出身でデザインを学んでいた世界中の仲間の声も引用しながら、進めていきたいと思います。

アウトプットやプロセスが「明確ではない」状態に耐えられるか？

戦略コンサルタントとして活躍していた後輩がキャンパス訪問に来たときに印象的だった出来事があります。

ＩＤの授業を受けた印象を聞いたところ、「コンサルと違って、フレームワークやまとめ方が緩い印象ですね。全然アプローチが違うので興味深いです」ということでした。

どうやら、いろんな生徒の意見を先生がホワイトボードにまとめるやり方があまり構造化されていないという印象を持ったようです。これは、ゴールや成果が数値化され、それを達成することが大事という「前年比」の世界観で生きているビジネスマンにとっては最も戸惑う部分かもしれません。

デザイナーと一緒に働いていると、「カオスの状態を恐れるな」と言われます。それは、事前にアウトプットやプロセスをガチガチに決めすぎてしまうと、チームを枠にはめてしまい、結果的に事前に想像していたものに「落とし込む」形になってしまい、イノベーションの芽を摘み取ってしまいがちになるということです。この裏返しは「カオスの状態を恐れず、楽しむ」状態にあたります。

私自身も留学当初は、進め方が決まっているような、決まっていないような状況にはかなり苦労しました。しかし、プロセスやアウトプットをきちんと定義するのは「その枠に縛られないように気をつける限り」においては、とても重要なことなので、常にベータ版としてのアウトプットイメージやプロセスを提案し、ときには大胆に壊しながら状況に合わせて書き換えていきました。これが、ビジネスパーソン出身の人にとっての付加価値だと思います。

背景の違う人と協働するのは時間的、精神的コストがかかって大変

「バックグラウンドの違う人たちとの協業は大変。むしろ難しさを感じないとそれは本当の意味でシナジーを生んでいないかもと思うことで精神的ストレスに対処します」

これは、イギリスのロンドン芸術大学のイノベーションマネジメントの博士出身の天野剛氏のコメントです。彼はシスコシステムズの営業職からイギリスのデザインキャリアに身を転じ、今ではビジネスモデルデザインの分野の研究をしていた人です。

多様性のあるチームで働くためには、言葉の定義の違いにはじまり、ビジョンや進め方の合意を取るためのエネルギーや時間のコストが大変大きいこともあります。特に「これが良いアイデアである」という価値判断がとても難しくなります。典型的な例でいうと、ビジネス的に大きくなりそうなアイデアが、必ずしもデザイナーからすると「美しくない」と言われて相容れないということが起こります。

また、国籍の多様性に富むと、たとえば先進国と新興国出身の人では、育ってきた文化や環境が異なるため、全てのプロセスや価値判断を合意して進めていくのはとても難しいと感じることもしばしばありました。

ビジネス系の学生の強いところは「言語化」ですので、LESSON1でも出てきた課題設定の文章を提案して言語化することでチームが解決すべき課題を共有することができます。また、アイデアをできるだけ具体的に表現してから議論することで、共通言語の不一致を防いだりすることはできます。

最終的には「困難を理解した上で、大きく飛んだアイデアを作るために多様性にチャレンジする」という姿勢をチーム全員で持つことが、最も現実的な解決策だと考えます。

視覚化スキルの欠如

英国ラフバラ大学でサービスデザインの博士、玉田桃子氏はこう語ります。

「ビジュアライゼーションスキルのなさは、大きな壁でした。特に私が専攻しているService Design の実践的な場では、見えないサービスを『見える化』するスキルが求められることがほとんどです。ポスターの掲示などをすると、内容として充実していたとしても、オーディエンスの感覚的な注目を一気に集められるようなビジュアルには、引けを取ってしまうわけです」

ビジネス系、エンジニア系の人がデザインスクールに行ったときに共通して感じる壁はこれです。特にイノベーションの構想段階では、「まだ見たこともないものを提案する」ため、「美しく魅力的に見える」ということが、プロジェクトを前に進める上で強力なパワーとなります。

ビジュアル表現の能力が不足しているために注目を浴びないことはとても理不尽に思いますが、それもまた世の中のルールです。実務上は、デザイナーとしっかり協働して進めていくことが本質的な解決策だと思います。

通常デザイナーは、ある程度ビジネスコンセプトやプロトタイプができたタイミングで初めてプロジェクトに参画することが多いのですが、構想段階で巻き込んで進めていくと強力なパートナーとなることは間違いありません。

クリエーターに仲間として認めてもらうこと

これは私がいまだに、自分の最大のチャレンジとして考えていることです。

クリエーター気質の強いデザイナーは、「この人は自分のインスピレーションを刺激してくれるから、一緒に組みたい」という理由でパートナーを選ぶ傾向があります。

一般的に、ちまたに出回っている「デザイン思考」はあまりに表層的すぎて、彼らには「浅い」と思われているので、デザイン思考のフレームワークやプロセスだけを語ると、むしろ話を聞いてくれなくなります。

クリエーターにとって、一緒に組みたいビジネスパーソン像とは、「未来の世界をこのように変えていきたい」という変革のイメージを具体的に言葉で語れる人です。未来の姿という共通言語ができればむしろ、デザイナーにとって、ビジネスパーソンは彼らのイメージを具現化するパートナーに変化するからです。

その人という必然性が生まれる未来の物語にクリエーターは触発を受け、ビジネスとデザインの融合が生まれるのではないかと思っています。

EXERCISE 5

あなたのチーム構成のデザイン思考度チェック

デザイン思考は、「デザイン」「エンジニア」「ビジネス」の3つのタイプの人の協働が、創造性を高めます。

まずは、皆さんがどれに当てはまるか、次の①〜③の質問にお答えください。

質問

①今までにない新しいものを考えるのが好き？（Yes・No）
②今までにない新しい構造を考え出すのが好き？（Yes・No）
③すでにあるものをどうやって広げるかを考えるのが好き？（Yes・No）

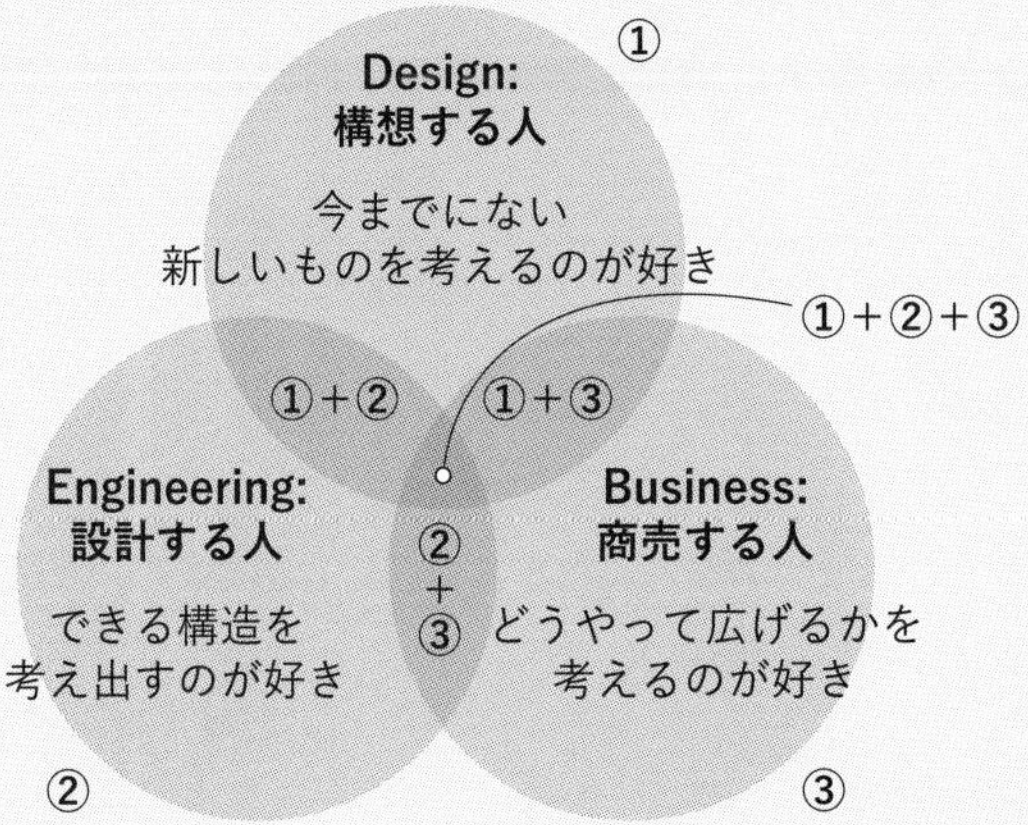

次に答えを上の表に当てはめて下さい。もしかしたら、2つに当てはまった方もいるかもしれません。自分が、上記の図のどこの部分にいるか理解することが重要です。あなたがチームを組むべきなのはあなたがカバーしていない領域の人です。

次に、皆さんのチームで、同じ質問に答え「デザインタイプ」「エンジニアタイプ」「ビジネスタイプ」の3タイプがバランスよく混在していることが理想的

EXERCISE

あなたのチーム

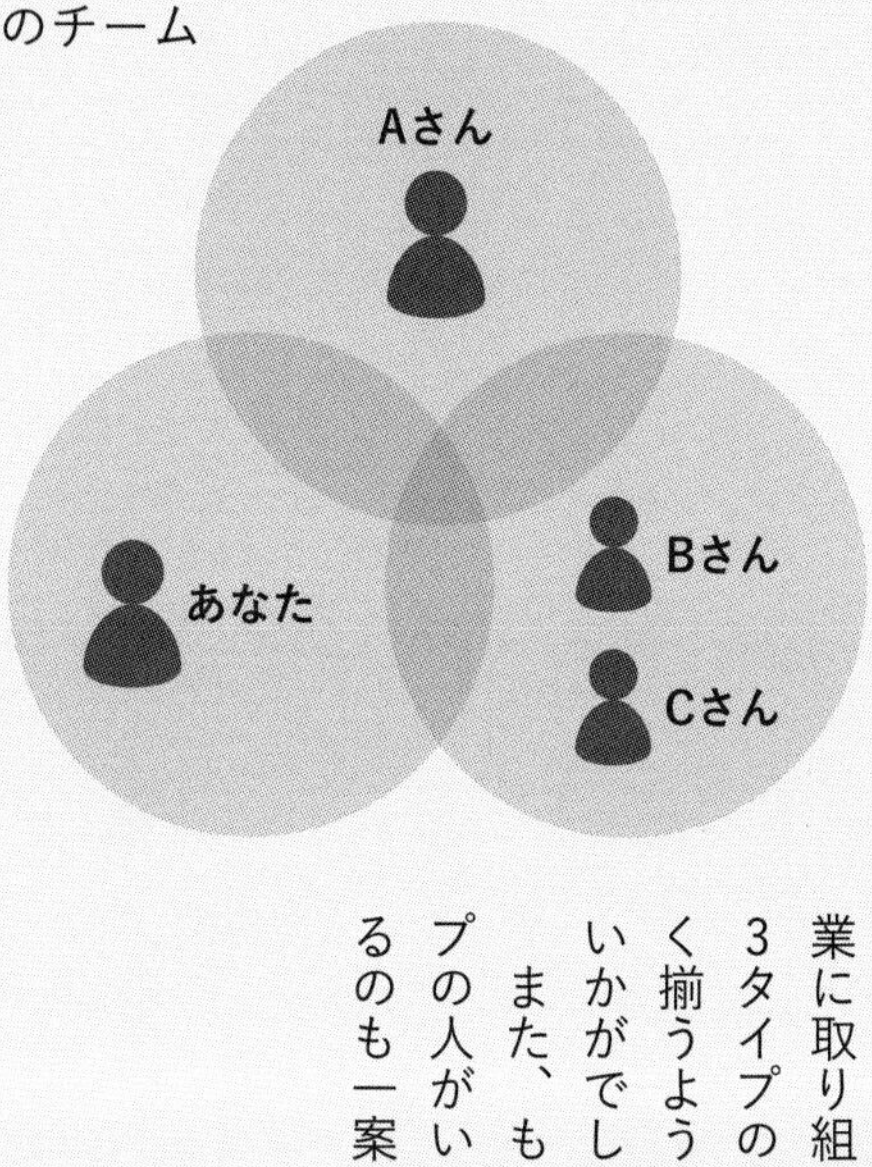

です。

ぜひ、これからチームで事業に取り組む際には、これら3タイプの人材がバランスよく揃うように調整してみてはいかがでしょうか。

また、もし、足りないタイプの人がいれば、採用してみるのも一案です。

column

日本はデザイン思考の後進国?

この本を通じて、「デザイン思考」という言葉で語られているものの背後にあるものをご紹介してきました。

アメリカのデザインスクールに通う生徒数を見ると、中国や韓国、インドなどの他のアジアの国と比べて、日本人は圧倒的に少数派です。MBAなどへの留学者数と比較してもこの比率は小さいのですが、では、日本はこの分野で出遅れているのでしょうか?

アメリカのアドビ社が日米英仏独で行った調査で、「世界でいちばんクリエイティブな国は?」という質問に対し、各国の回答を総合すると、日本が36%で1位でした(2位はアメリカ)。しかし、同時に「自分のことを創造力がある人だと思いますか?」という質問に「ハイ」と回答している日本人は2割しかいません。

日本人は、自分のことがクリエイティブだとは思っていないのに、世界ではクリエイティブだと思われているということです。

日本では、イノベーションというと、シリコンバレーを中心とした

column

アメリカが本場という印象が強く持たれています。確かに、ITの分野におけるイノベーションはアメリカが中心であることも間違いありません。

しかしその一方、国全体のイメージという視点で見ると、日本人が自分たちのことを思っている以上に欧米では、日本人のクリエイティビティについては強いイメージが持たれているのです。

また、留学中に某韓国電機メーカーの方とお話をしたときに、「日本の電機メーカーにビジネスでは勝っているが、イノベーション力ではまだまだ負けているように感じている」とおっしゃっていました。

日本では、諸外国と比較したとき競争力がなくなっている業界が多いのも事実ですが、日本人や日本の組織が持っている潜在能力は別の次元のことですので、「自分には創造力がない」と思いこむ必要はまったくないと思います。

LESSON 6：経営戦略

デザインと経営

デザイナーが重要な地位を担うことで、
企業はよりアジャイルになり、
ユーザーにフォーカスするようになります

IBMデザインVP　ダグ・パウエル

企業におけるデザイン思考の潮流

ここまで読んできている読者の皆さんは、日本ではデザイン思考をどう実践するのか？　ということが気になると思います。そこで、この章では、2015年にBIOTOPEを創業して以来、日本のビジネス現場において広がってきたデザイン思考の実践と、その大きな流れについてご紹介しましょう。

2018年5月に、経済産業省と特許庁が共同で「デザイン経営宣言」を出しました。デザイン経営とは、「デザイン」を企業価値向上のための重要な経営資源として活用する経営の方法論と位置づけ、ブランド力とイノベーション力を向上させる経営の姿だと定義しています。アップル、ダイソン、良品計画、マツダ、メルカリ、Airbnb などのデザインに定評のある企業のみならず、スリーエム、IBMのようなB to Bの企業がその実践の例として挙げられています。

その報告書の中では、デザインに対する投資効果として英国のブリティッシュカウンシルの結果が引用されています。

1　4倍の利益：1ポンドの投資に対して、営業利益が4ポンド
2　2倍の成長：デザイン賞に登場することの多い企業の株価は市場平均と比べ10年間で2倍成長している

デザイン思考が、世の中に広がったドライバーは、コンピューターの個人化です。1980年代にパーソナルコンピューターというプログラミングがないと何もできない箱だったものを、誰にでも使いやすくするためにデザインが活用されました。世界的に有名なデザインファームIDEOはその前身の時期にLISAのマウスをデザインしたり、frog は Apple IIc のデザインを若き日のスティーブ・ジョブズと実践していました。いわゆる、プロダクトとインタラクションが融合した分野がパソコンの普及、そしてスマートフォンの普及によって広がっていったことで、ユーザー目線の顧客体験を作っていくことが必要になりました。

日本でも2010年前後から、IT産業が家電に広がっていく中で、ウェブやアプリによるサービスがユーザーの接点となった時代と時を同じくして実践が広がっていきます。

ソニーで「新規事業創出のOS」を担ったデザイン思考

私のキャリアでも、ソニーに在籍していた2011年、テレビや、デジカメ、プレイステーションなどの商品によるハードウェア事業をクラウドを活用してネットワーク対応し、ユーザー目線で体験を設計し直すユーザー体験（UX）を提供できる組織への変革が求められており、各事業部のエンジニアや商品企画が兼務で働く統合UX部門が生まれた時に、ソニー全社の共通の顧客体験のゴールを設定するために、デザイン思考を活用してターゲットユーザー像を設定し、UXの機会を設定するプロジェクトに携わりました。今でいう、DXの走りのようなプロジェクトでしたが、その中でも、デザイン思考は、プロダクトや部署に分断された既存の事業のオペレーションを超えて、新たな商品・サービスを構想、実装するための「創造OS」として効果が発揮されることを実感しました。

2014年に、留学から帰ってきて、ソニーグループ社員が持つアイデアをもとに新規事業を創出するボトムアップ型の新規事業創出プラットフォーム Seed Acceleration Program（SAP）を立ち上げましたが、このプログラムの設計においても、ユーザー理解とプロトタイピングを高速で回していく方法論を共通言語として位置づけ、新規事業の育成のスピードアップに役立ちました。また、ほぼ同時期に立ち上がったソニーらしい新規商品を創出する Life Space UX というプロジェクトにも携わりましたが、100インチの単焦点プロジェクターLX100や、ワイングラス型のスピーカーなどユニークなライフスタイル商品はデザイン思考の実践から形になりました。

このように、ハードウェアメーカーが、ソフトウェアと融合した体験を作る環境においては、商品開発の方法論として、そして、ソフトウェアの世界でアジャイルに開発をしていくための創造的な働き方のOSとして、デザイン思考は力を発揮します。

山本山のリブランディングをプロデュース

BIOTOPEを創業してからも様々な分野におけるプロジェクトに携わりまし

Designer：Nosginer

た。「上から読んでも下から読んでも……」で有名な山本山のリブランディングのプロデュースに関わりましたが、祖業であるお茶をコアに据えたリブランディングプロジェクトの初期は、60歳以上と高齢化したユーザー層をいかに若返らせるか、というのが課題でした。そこで、20代の感度の高い女性、30代のキャリア女性、ファミリー、シニア、外国人など様々なセグメントにリサーチを行い、お茶は、お母さんが入れてくれる安心できるものではなく、忙しい中で丁寧な暮らしをできる奥行きのある楽しみになるという新たなコンセプトを発見しました。実は日本茶も、産地別のお茶に加え、合組と呼ばれるお茶屋さんの独自ブレンドがあります。その背後にあるストーリーを伝えながら、今の時代にお茶そのものを上質な体験として感じてもらえるように、日本橋本店のリニューアル、商品パッケージの全面改訂、オンライン販売とInstagramによるお茶の飲み方提案などに繋がっていったその起点は、デザイン思考によるユーザー理解とプロトタイピングにありました。

コニカミノルタのＤＸ改革を支援

サービスという起点でお手伝いしたのはコニカミノルタの複合機にサーバーが入り、オフィス内のＩＴシステムを統合管理し、働き方や業務を効率化する新しいソリューションプラットフォームとなった“Workplace Hub”と、そのサービスである「いいじかん設計」です。複合機は、一度顧客がオフィスに導入したら、その後の使用に応じて課金がされていく典型的なリカーリングビジネスです。複合機がソフトウエアのプラットフォームに進化する、いわゆるＩｏＴ型の事業への変化の中で、複合機そのものの価値から、オフィスの中における体験価値のコアを見つけていく戦略が求められていました。

グローバル本社、販社のＲ＆Ｄ、プロダクト、デザインなどを集め、変革ビジョンを共有した上で、現場の中小企業や専門家にリサーチを行い、サービスアイデアをシ

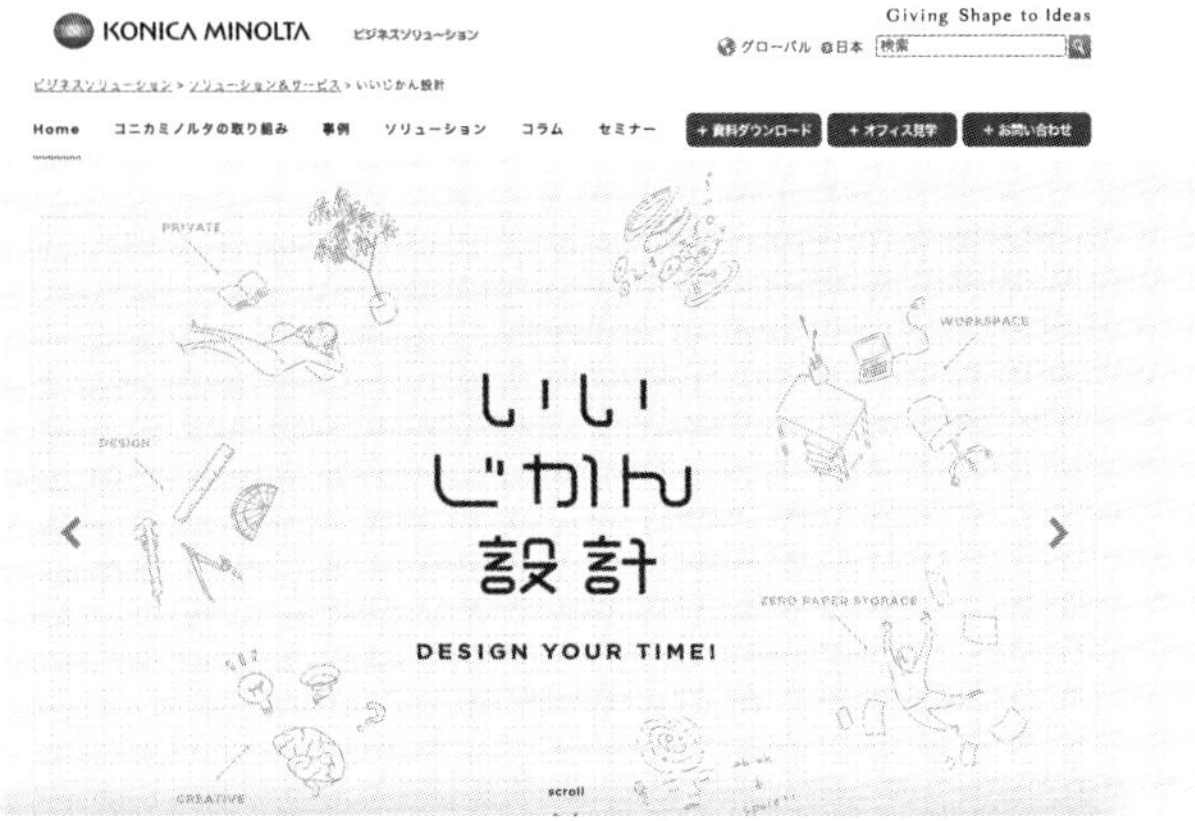

Designer：野間晃輔

ーンスケッチとして発想しコンセプトとしてまとめたものを顧客検証を行いました。その後、建築、教育、コワーキングという3つのワークプレイスに絞った形で、より詳細なサービス設計のための実証リサーチを行いました。

これらのインサイトから生まれたのが、働き方改革支援サービス「いいじかん設計」です。それまで、働き方改革というと「時短」という視点が強かったのですが、時間を「作業時間・創造時間・自分時間」の3つに分け、顧客企業である中小企業の働き方改革を現状分析から、計画策定をコンサルティングし、テレワーク展開、情報共有ツールの運用・定着をサポートしていくサービスです。サービスができると、次は営業変革がテーマになりました。提供するものがサービスに変わると、営業はお客様の課題を理解し、自社の持つソリューションを組み合わせて提案していく、ソリューションデザイン力が求められます。実はデザイン思考は、顧客理解→ソリューション立案のプロセスですから、営業用にカスタマイズすれば、営業の提案力向上に繋がります。ソリューション型営業への変革を実践するための研修プログラム「共創ファシリテーション研修」をオリジナルでデザインし、ファシリテーターの育成までを行いました。

このプロジェクトでは、ビジョンづくりから始め、サービスアイデア発想、現場でのコンセプト検証、サービスコンセプトの開発と、ネーミング、ウェブ開発、営業のソリューションデザイン向けの変革までの一連の取り組みを支援しました。このケースのようにDXにおいては、デザイン思考がビジョン作り、サービスコンセプト立案であり、提案型営業など、様々な場面における共通のOSとして必要になってくるのです。

丸紅のビジネスモデル作りと組織変革を支援

デザイン思考を、事業デザインとIoT対応の経営戦略としてデジタルイノベーションを生み出す組織変革に応用した事例が、2016年に丸紅でお手伝いした全社によるIoT・ビッグデータ推進委員会において、次世代の商社のビジネスモデル作りを検討し、IoT時代のビジネスモデル作りのプロトタイプと組織変革を支援しました。

商社は、事業会社も含めて多様で幅広い分野・業界の資産を持っていることが強みのひとつです。まずは、18事業の代表者が集まり全各部署が持つデータを棚卸し、それらを掛け合わせながら、アイデアの発想をし、事業コンセプトのプロトタイプを行い、事業の初期コンセプトの段階で、各事業の顧客に見せてヒアリングを実施し、ブラッシュアップしていきました。当初は、「こんな途中のものをお客様に持っていくんですか」という参加者の反応が印象深かったです。

一方では、各事業のビジネスモデルのプロトタイプに伴走しながら、経営企画チームと一緒になって、全事業部のアイデアを俯瞰し、IoT時代における戦略とビジネスモデルに統合しました。プロジェクトの終了後、翌月にはIoT・ビッグデータ戦略室が立ち上がり、その後、2018年に丸紅はCDIO（チーフデジタルイノベーションオフィサー）とデジタルイノベーション部を新設し、業界でも早い段階での組織的なDXへの取り組みを形にしていきました。

このプロセスにおいては、簡易版デザイン思考と、ビジネスデザインを組み合わせ、デジタルイノベーション部は、丸紅における価値創造文化を広げていく中心となりました。

経営に近い部門でもデザインを応用する動きに

ここではまだ未公開のプロジェクトもありご紹介しきれませんが、この5年でプロダクトでは、スマホ関連商品の新規商品コンセプトづくり、清涼飲料水の新ブランドコンセプト作り、ノートのリデザイン、サービスでは、多摩川流域の市民参加型まちづくりコンセプト、料理を楽しくする新規事業作り、ビジネスでは、キャラクタービジネスの新規事業創造、宇宙における新規事業作り、テレビ放送における新規事業開発など、業界を超えて企業がデザイン思考を活用、応用した未来作りを実践してきています。

この中でも共通の特徴が、共創するパートナーが、デザイン部門や新規事業部門メ

経営Xデザインのフェーズの変化

	目的	手段	誰が
1990年代～2000年代	Branding	BI/CI design	有名デザイナー
2000年代～2010年代	Innovation	人間中心デザイン UXプロトタイピング	Design Firm
2010年代～	Trans formation	自社流デザインプロセス ファシリテーター人材育成 文化伝承の場やツール作り	企業内変革型デザイナー 組織変革型デザインファーム

インから、社長、経営企画、R&D企画などの経営に近いプレイヤーに変わってきていることです。

大手企業でも日立製作所が、社会イノベーションを支援するデザイン部門として、様々な事業のビジョンづくりからソリューション統合の支援をしたり、パナソニックでは、FLUXという社内デザイン組織が立ち上がり、経営陣を支援しながら商品・サービス戦略立案のためのデザインの活用をする動き、また、NTTコミュニケーションズは、KOELというデザインスタジオを立ち上げるなど、経営に近い部分でデザインを応用する動きが広がってきたのがこの5年の日本における変化と言えるでしょう。

経営×デザインを歴史的に紐解くと、3つのフェーズに分かれます。まず、１９９０年－２０００年代、Wieden Kennedy、John. Jay、佐藤可士和さんなど、スターデザイナーが企業のｔｏｐと組んでブランドイメージを刷新する働き、次に２０００－10年代に、大手 Design firm が中心となり、企業のイノベーションを支援していた流れ。そして、今テーマとなりつつあるのは創造的な組織文化への変革です。経営者が、組織全体として新しいものが生まれ続ける組織への変革をドライブしていくような事例です。デザイン思考は、その共通言語となりつつあります。

ここで、紹介したような経営での取り組みをいち早く実践していた海外の事例についてもご紹介しましょう。

巨象はデザイン思考でもう一度踊るのか?

今世界「最大」のデザイン会社はどこかご存知でしょうか?

答えは、ＩＢＭです。２０１２年にロメッティが社長になって以来１０００人のデザイナーを世界中で採用し、23拠点のデザインスタジオを世界中に設けているデザイナーの数という意味において世界一です。

彼らは、Watson などのクラウド型ＡＩプラットフォームという武器を持ちながらクライアントとデザイナー、ビジネスコンサルタントが協業して大手顧客と協働してＩＢＭのプラットフォーム上で、新しい顧客体験のプロトタイプを作り出すような営みを組織的に行っています。その変化のためにＩＢＭが使っているテクノロジーが、彼らが提唱する IBM design thinking 2.0 です。Watson 上の開発者向けプラットフォーム IBM cloud は外との共創をしやすい顧客体験で作られていますが、「古くて重い」印象をデジタルネイティブ世代に持たれていたＩＢＭという巨人がデジタルエコノミーに対応するにあたって、デザイン思考は変革のドライバーとなりました。

「デザイナーはレスポンシブでアジャイル（俊敏な）がＤＮＡです。よって、デザイナーが重要な地位を担うことで、企業はよりアジャイルになり、ユーザーにフォーカスするようになる」

米ＩＢＭ史上、初めてデザイナーとして執行役員に就任したダグ・パウエルの言葉です。同社は２０１２年から、エンタープラズサービスがクラウドへ移行する背景もあり、「自社のソリューションを売るスタイル」から「顧客と一緒にスピーディーに顧客体験をデザインする」会社へと変貌を遂げました。Ｒ＆Ｄのデザイナーを土台に、社内の様々な部門や顧客との「共創を促すファシリテーター（調整役）」としてのデザイナーを戦略的に増やしてきました。エンジニアとデザイナーの比率を現状の1：30から1：10にすることを目標に、今すでに3年で1000人以上のデザイナーを新たに採用しています。

「100年以上存続できているのは〝変革への寛容さ〟であり、とてつもなく忍耐強く、そして回復力の強い企業。これは我々にとって強みになりました」

IBMではロメッティCEOによるサポートもあり、重役1000人以上がデザイン思考ワークショップを体験する日を設けました。また、独自のデザインプロセスとして、顧客と共創型のデザイン思考とリーンスタートアップを組み合わせたプログラムを開発し、自社のトレーナを育成しています。

特に印象的だったのは、10年後に顧客、自社の半数を占めるミレニアル世代（デジタルネイティブ世代）にとっての働きやすい環境の提供を目指すという思想です。人工知能「ワトソン」などのプラットフォームを持ち、その価値を高めるために顧客や人材を取り込む手段として、働く体験自体をリデザインしようとしています。

変革の手段としてデザイン思考を活用したSAP

もう1つ、事例を紹介しましょう。

「人々は変化していて、働き方も急速に変化しているため、人の〝新しい見方〟が必要です。そして、人を理解し、人のための体験を作ることに長けているのはデザイナーですから」

独ソフトウェア大手SAPも変革の手段としてデザイン思考を活用したグローバル企業です。直近5年で全世界の売り上げを1・4兆円から2・7兆円まで2倍近く伸ばした背景に、デザイン思考がありました。同社のデザイン思考への取り組みは2004年からと早いのが特徴です（デザイン思考で知られるスタンフォード大学d.school は、同社創業者のハッソ・プラットナーの個人資産の寄付により設立されました）。

「ハッソ・プラットナーは創業時、顧客の経理部に赴き、隣に机を借りて、顧客から『どういう機能が必要か』を聞きながら、ソフトウェアを実装していった。そんな創

業時の精神を取り戻すんだ、と力を入れたことがきっかけです」（元SAP米国支社・小松原威氏）

主力の統合基幹業務システム（ERP）が顧客との距離が生んでいることへの危機感を持っていたプラットナーは自ら、〝まず隗より始めよ〟とコーポレート戦略部門に数十人のデザイナーを入れ「自社の未来を創造すること」から始めた。続いて、R&D部門の取り組みを経て、グローバルの営業部門による顧客へのデザイン思考のアプローチへとスタイルを変えていきました。10数年かけて組織変革を進めてきたことで、全社員がデザイン思考のトレーニングを受け、失敗を推奨される文化から新たな価値作りを行っています。

また、売り上げ増の理由に、データベース「SAP HANA（ハナ）」を中核とした新ビジネスの急伸があります。その業績の伸びを支えた新ビジネスを生んだのも、デザイン思考型組織（イノベーションセンター）の設立にあります。

大規模な変革が難しかったドイツ本社ではなく、シリコンバレーの地でイノベーシヨンセンターを設立し、プラットナーの直下で自由に新製品開発をさせました。売り上げの1割以下だったERP以外の製品が今や4割近くとなっています。

さらに、そこで生まれた新規ビジネスを生み出す文化を本社にフィードバックしていったやり方は日本企業が学ぶべき点だと思います。

「イノベーションは辺境からしか生まれませんから。ただ大企業であれば、やはり本丸を変えなければいけない。だから現在、シリコンバレーとドイツという境目もなくなりつつある。シリコンバレーで育った30代がいいポジションで本社に行くということも起きていますし、ドイツで採用した人をシリコンバレーで働かせ、その後ドイツに戻すというキャリアパスもある」(小松原)

デザイン思考を組織改革に活用する3つの方法

これらの全社でデザイン思考を組織変革として活用する企業は、いくつかの特徴があります。

1つ目は、いずれも「プラットフォームの価値の最大化」のために、全社レベルで顧客体験改善のためにユーザー共創によるデザイン思考を導入し、自社のプラットフォームの価値を高めるために、顧客をはじめ良いパートナーを巻き込んでいく手段として使っています。つまり、プラットフォームに新しい価値をのせていきたい企業が、次々と分野を超えた共創環境に取り組んでいると言えます。

2つ目のポイントは、社内のサイロ（組織の壁）を越えたり、社外との共創を促進するファシリテーター的な役割を果たす存在としてデザイナーを再定義している点です。そして、イノベーション戦略を実行する戦略部隊とみなして大規模にデザイナーを採用、育成する動きが見られることです。デザイナーを大規模採用したＩＢＭでは、共創を促進できるデザインシンカーと形に落とし込めるデザイナーの双方を合わせてデザイナーと呼んでいます。

こうした動きは、社内外を統合できる共創ファシリテーターとしてのデザイナーをどれだけ揃えられるかが、プラットフォーム企業にとって競争優位性となってきていることを意味しているのではないでしょうか。

3つ目のポイントは「共創による文化をいかに組織に落とし込むか」という点への独自の取り組みです。デザイン思考による顧客起点のプロセスやプロトタイプ作りという原則を共通言語として活用しつつ、自社の事業や組織に合わせて自社流のプロセスやツールをカスタマイズして作っています。

全社にデザイン思考を活用するための5つの戦略

デザイン思考を組織文化の変革に使うためには、5つの取り組みを融合させる必要があります。

①　自社の事業領域や事業プロセスに合ったデザインプロセスの整備とデザイン人材（デザイナー／デザインシンカー）の組織作り
②　変革媒介者（カタリスト）としてのファシリテーター人材の採用・育成
③　変革文化を伝播するための研修プログラム
④　全社共通のデジタルツールや可視化・プロトタイピングの支援チーム

⑤ 顧客とプロトタイプの価値を体感した上で、具体化する展示場・実験スペースのデザイン

ロンドン・ビジネススクール客員教授のゲイリー・ハメルが著書『経営の未来』（藤井清美 訳、日本経済新聞出版）で提唱した「複雑系のマネジメントの時代」――戦略をコントロールするのではなく、環境をデザインしてその中から生まれるものをピックアップするという考え方をする時代――が到来しているなかで、多くのステークホルダーと共創するためにいかにデザインおよびデザインシンカーを中核にした組織体制を整えられるか――が重要になっています。

産業のデジタル移行が進む中で、変化するユーザーニーズに素早く応え、新たな価値を作る組織文化を作るために、〝現代の変革の武器・鉄砲〟である「デザイン思考」という共創を促進するためのテクノロジーを、〝自社流の鉄砲隊に変えていく取り組み〟が経営課題となりつつあります。一発逆転の一手というよりも、じっくり文化・風土を変えることで「イノベーティブな組織」へと変え、有機的な経営の変革を続けられた会社が環境変化が激しい時代に、変わり続け、生き残るのだと思います。

LESSON 7：幸福

デザイン思考は幸せに生きるためのライフスキル

私たちは、右半球の意識を通じて、一つの人間家族のように、互いに繋がったエネルギー的存在です。この瞬間、私たちは完全です。私たちは全体です。そして私たちは美しい。

ジル・ボルト・テイラー（脳科学者）

自分なりにクリエイティビティを発揮して生きる

　デザインスクールに留学して学んだことのなかで、最もインパクトが大きかったこと。それは、「日々、自分なりにクリエイティビティを発揮して、絶えずモノコトを創りながら生きる生き方って、幸せだなあ」と思えたことでした。

　デザインスクールで学んでいることは、もちろん、企画の仕事やデザイン、イノベーションの仕事において「とても役に立つ」スキルであることは間違いありません。しかし、日々課題をこなし、プロジェクトを回しながら、自分が今まで使っていなかった脳を刺激され、それが心地よいと感じるようになってきました。留学中は、文字どおり起きている時間を全て活動に費やしていたと言っても過言ではなかったのですが、それは頑張ったというより、とても心地よく自然にできていたことでした。

　日々生きているその瞬間、自分が見ている情報が新たな創造の種になるものであり、ネタになりうるということに気づいたときから、私の生活は変わりました。日々、周りに本当に興味を持てるようになりましたし、人とお会いするときや初めて訪問する場所にいくときも、様々な視点から学び、それをどういうふうに表現しようかと考えるようになりました。日々何気なく生きていた時間が、24時間、表現するための種を探す時間に変わったのです。

なんらかの表現をすることは、私にとってたいへん気分がよく、心地の良い経験でした。日々の生き方に対する大きな変化が自分に訪れたとすら思えることでした。

このような感覚を感じたのは私だけではないようです。IDの後輩、商社出身で現Takram の佐々木康裕氏の留学ブログにも同様のことが書かれていました。一部を抜粋してご紹介します。

「IDでの秋学期を通じ、想像以上に多くのものを手に入れている。瞬間瞬間に学び、全身の細胞で学びを吸収している感覚がある。

デザイン出身のクラスメイトからは『お前いちいちこんなことにエキサイトできて幸せだな』と笑われる。でも実際に、一つひとつの新しい知識や経験が自分にとっては新しい血肉だ。プロトタイプを作っている時に教えてもらった賢いカッターの使い方、ビデオコーディングの基礎、ユーザインタビューで質問に詰まった時の隠し玉の質問、デザイナーのプレゼンテーションの型、アーティストのバックグランドをもつ生徒に教えてもらったアイディア創出のトレーニングの仕方等々を教えてもらい、体験した瞬間に。

こう考えると、ビジネスバックグラウンドの自分は学びのマグニチュードは人一倍大きいのかも知れない。

「なぜこんなにヒトへの愛着がこれまでになく高まっているかというと、それはＩＤの授業で、徹底して人間中心主義を叩き込まれたから。ヒトを観察し、インタビューし、彼らの奥の声に耳を傾け、いつ相好を崩し、いつ眉間に皺を寄せたかをじっと見る。

そしてヒトの振る舞いや考え、感情を基点にしてソリューションを組立てていく。それは自分にとってまったく新しいアプローチだったけど、プロジェクトを通じてそれは workable だということを経験し、まったく抵抗なくそのアプローチに馴染めている。今は、自分が携わっているソリューションの完成度の成否を数字で図りたいというモチベーションはほとんどない。その代わりに日々問うているのは、『自分のソリューションの使い手にどういう感情を抱いてほしいか』『頭にユーザとして思い描いている彼女はこのプロダクトを手に取って笑顔になってくれるだろうか』『ターゲットユーザに含まれてそうな、通りですれ違った男性に〝クール〟と思ってもらえるだろうか』『彼にとってかけがえのないものを作れるだろうか』ということ。そして、『いやいやこのままじゃダメ、もっと改良しないと』って。

こんなことを考えていると、ヒトに対する興味や、他人に対するエンパシーがとても強くなり、自分の周りにいる人がどういう感情を抱いているかのアンテナの強度がとても高まる。こんなに心を開いて他人のことを知りたいと思うようになるなんて思いもしなかった。

これはデザインがどうとかキャリアがどうとか外形的な話ではなく、これからのライフスタイルに影響を与えるような変化だな、とすら思う」（佐々木氏ブログより）

彼にとっても、デザインスクールで学んだことは、人と自分との距離感を変える、日々の生き方の変化をもたらしたのです。また、先述のロンドン芸術大学の天野剛氏も以下のような形で変化を表現してくれました。

「昔は、客観的に必要とされるアクションやスキルに目をむけていたけど、自分がやっていて楽しい、もしくは、知らぬ間に集中していることをやる、ということをより大事にするようになった」

彼らと私に共通しているのは、デザイン思考の技術を学ぶことで、結果的に、自分なりの創造力を発揮して日々何かしらを生み出すという生き方を学んだことだと思います。

たとえ、スピードが遅かったり、表現の仕方はそんなにアーティスティックではなかったとしても、日々生み出すという営みをしている最中は、とても生きている実感があり、充足感を持つことができます。

夕食を作るということですら、以前は好きではありませんでしたが、今ではそれも一種の創作であり、1つのデザインだと思うようになり、進んでやるようになりました。

生活や環境に不満を感じたときには、愚痴をいう前に「本当の課題は何だろうか？解決策を考えてまずは小さくてもつくってみればいいや」と思えるようになりました。

こういったスキルは、企業や社会の変革期で将来の見通しが立たない中、解決策を創り出していかなければいけない今の時代を生きる上で、とても大事なことだと思います。

右脳で感じると幸せな気分になれる

では、日々デザインを自分自身で生み出せるようになるとなぜ、充足感や幸福感を感じられるようになるのでしょうか？

この問いについて、私はジル・ボルト・テイラーという脳科学者がTEDで語っている「パワフルな洞察の発作」という題の動画（https://www.youtube.com/watch?v=ttVSuXjUFFs）にヒントを見つけました。

それは、統合失調症を研究していたジル・ボルト・テイラー博士が脳卒中に襲われ、自分の左脳の機能が停止していく中で見たものを語った動画です。

つまり、彼女は左脳が動きを止め、右脳だけしか働かない状態を臨死体験のように身をもって感じたのです。

動画の中で印象的だった言葉をいくつか引用してみようと思います。

「コンピュータがわかる人には、右半球は並列処理装置のように機能し、一方左脳は直列処理装置のように機能するといっていいでしょう。2つの半球は互いに、3億の神経線維から成る脳梁を通じて通信しています。しかしそれ以外では、2つの半球は完全に分離しています。なぜならそれぞれは別々に情報を処理するし、別々にものごとを考えますし、別々に気配りしますし、あえていえば、それらはまったく異なった人格です」

「私はまだ生きている、まだ生きている、そして私は涅槃（ニルヴァーナ）を発見したのだ。もし私が涅槃を発見してそして生きているのなら、生きている誰もが涅槃を発見できるはずだ。私は、世界が、いつでもこの空間に来ることができると知っている人たち、美しく平和で優しく愛情に満ちた人々で溢れている、そういう世界を思い描いています。そしてそれらの人々はあえて左脳の右側に歩み入り、この平和を発見したのだ。私は気づきました」

これは、右脳の世界が、平和で周囲の全てと繋がった涅槃、仏教用語で「悟り」と呼ぶ存在であること、そして、それがとても心地よい愛情あふれる世界だということを表しています。

「どちらを選びたいですか。どちらを選びますか。そしていつ。私は信じます、私たちの右半球の深い内面の平和な回路にかかわることを選択するほど、より多くの平和を世界にもたらすでしょうし、そして私たちの惑星はより平和になるでしょう。そしてこれが世界に広める価値のある知見であると私は思いました」

ジル・ボルト・テイラー博士は、脳卒中で左脳という機能を失ったとき、言葉を持たない脳、右脳で生きるということを体感したそうです。その世界は、その瞬間だけに集中し、多くの画像と体の身体感覚を通じて周囲のあらゆるエネルギーと繫がり、平和で愛情深く安心した幸福な感情に満ちあふれている世界だったということです。彼女はこれを涅槃と表現しています。禅でいう悟りの感覚も、またこの感覚に近い存在かもしれません。

この動画を見たとき、私はいろいろなものが繫がった気持ちがしました。

世界がインターネットで、全て、いつでも、どこでも繫がっている時代。その一方では、２０５０年には世界の人口が90億人を超え、資源の枯渇の危機に瀕する中で、モノをもっと持つという価値観が「持続可能ではない」時代。多様化した中で、人それぞれの「幸せ」が大事になっている時代。

これらの問題は、周囲と繋がることで身のまわりから社会の課題を解決し、右脳を使って創造することで幸せを感じる方法を覚えることができれば、1人にとっての1つの解になるのかもしれないと考えています。

右脳モードへの道しるべ

当たり前の話ですが、いくらビジネスの成果を上げ、いかに評価をされたとしても、それは自分の人生の充実や幸せとは関係がないことです。

私は目標としていたブランドマネージャーに昇進したのにもかかわらず、ビジネスマンとして仕事を続けていくことに自信を持てなくなり、鬱病と診断されていた時期がありました。そんなとき、客観的といわれている他人の尺度で自分の行動を決めるのではなく、主観的な自分にとっての好き嫌いの尺度で測るような生き方に変える必要があることには何となく気づいていました。しかし、それまでそのように生きてきたこともなかったので、どうやったら良いかもわからなかったのです。

周囲の評価という客観的な事実はあまりにも強力で、自分の好き嫌いという主観はどうやってもその批判的な声に勝つことができません。「それは君の個人的な意見」「議論するなら事実で示しなさい」というビジネスの世界のロジックで生きていく限り、どうしてもこの流れから脱せないのです。リスが、ケージの中で永遠に回転するおもちゃの中で走っている、そんな感覚でした。

そんな時期に出合ったのがダニエル・ピンクの『ハイ・コンセプト』でした。「新しいことを考えだす人の時代」における6つの感性として、「共感」「デザイン」「物語」「遊び心」「全体の調和」「意義」の6つの知性。それ以来、これらの感性を理解するため以下の取り組みに挑戦してきました。

1　共感：人のビジョンを質問を通じて引き出すコーチング
2　共創：様々な背景の人が一緒に創るワークショップ
3　デザイン：絵を描いたり、デザイン思考
4　内省：瞑想や、自分が潜在意識に持つビジョンをレゴを使って形にするワークショップ「レゴシリアスプレイ」

これらのキーワードは、一見多岐な分野に及んでいるように見えます。自分が何に

興味を持っているのか、と問われるといつも言葉に窮していました。

しかし、デザインを1年間学び、ジル・ボルト・テイラーの動画を見たときに、私は理解できました。これらのキーワードで表される感性は、全て右脳で起こっていることだと。

自分が興味を持ってきた脈絡のなさそうに見えるものたちは、これだけ強い左脳の影響に萎縮している右脳をなんとかして解放して自由にしてあげたかっただけなのかもしれない、そう思うことができました。

子ども心を守り続けるという戦い

20代の半ばで鬱になってしまっていた時期、無意識に追いかけていたものは、デザインの世界の探求でした。右脳で描くというワークショップに出会い、右脳モードに触れ、日々探求している内にいつの間にか、鬱は終わっていました。

人は小さい頃は、右脳が優位にある生き物です。そして、社交性を覚えるに従って、だんだん左脳が強くなっていきます。それとともに、幼少期には誰もが描けたはずの絵が描けなくなってくるといいます。

今振り返ってみると、当時の私は過度に左脳に偏った生き方をしていたように思います。そして、自分がもともと持っていた子ども心＝右脳を殺してしまっていたことに対して、体が悲鳴をあげていたのではないかとも思います。

科学的根拠はありませんが、私の周囲で鬱と診断されている人の多くが、とても繊細な人という傾向があります。いくら薬を飲んでも治らなかったものの、絵を描いたり、表現の手段を覚えることで症状が快方に向かっている友人も存在します。

1990年代以降、アメリカ流の経営手法が日本に持ち込まれ、それとともに職場も論理全盛、左脳全盛の環境になっています。

その中で、本来持っている右脳の力を活かせていない人はたくさんいるのではないかと思います。

私も左脳が強い人間です。その中で、雄弁ではない、壊れやすい、繊細な、しかし楽しくて、繋がっていて、幸せを感じられる平和な右脳の世界をどう育んであげるか、そしてそれを確保する場をどう創り出すかが課題だと思っています。村上春樹氏がイスラエルで行った講演で話した、壁に向かっていく卵をどう守るかという話ともつながっています。

僕がデザインスクールで学んでいたもの、それはまさに「この時代を幸せに充足感を感じて生きるために必要な右脳を目覚めさせるために必要なあらゆること」だったのかもしれません。

言い換えれば、ビジネスマンにとって、デザイン思考を実践する意味は、職場や生活を通じて、自分が子ども時代は持っていた右脳の創造的な素質を解放し、どんな環境にいても幸せに感じて生きる力を習得するということなのではないかと思います。

そして、親がそのような生き方をしていれば、その子どもたちがもともと持っている創造力を阻害することなく育むことにも繋がります。

創造力と脳科学

ここで書いたことは、私の個人的な体験でしかありません。しかし、今後脳科学が発達すれば、幸せを感じるメカニズムと右脳の関係についても解明されていくのではないかと思っています。

これについて、天才の没頭している創造状態を研究してきたフロー理論で有名なミハイ・チクセントミハイ教授と対談をする機会に恵まれました（この模様はWEBマガジンのBIZ／ZINEでレポートしています）。

ミハイ・チクセントミハイ博士によると、「人生の幸福という感情は、余暇によって起こるのではなく、自分の能力を超えた問題にチャレンジにしているタイミングで起こる積極的なもの」と言います。そして、そのような心理状態、仕事やタスクに集中して、時間も身体感覚もなくなる、たとえるならばマラソンランナーがランナーズハイになるような状態、つまり「没頭」「熱中」している状態を〝フロー状態〟と呼んでいます。

フローを体験している人は、「活動的な」「創造的な」「内容の濃い」「刺激的な」といった形容詞で表される状態を感じています。

では、そのような状態をどうやって作ったらよいかというと、1つの達成困難な目標があり、自分の持っているスキルや課題の難易度のバランスがよいチャレンジであることです。一見不可能な目標を設定した場合、今までの延長上ではできず、不確実で不安になりますが、それはむしろ創造力を押すスイッチになりえます。フローは実際には余暇よりも仕事でより多く起こります。

そして、もう1つ重要なのは、自分でやりたいと思うチャレンジを設定することです。心理学用語でいうと「内発的動機」から始めるということです。

他人に客観的に評価されるものではなく、自分がやりたいこと・楽しそうだと思うものをやることで、困難な目標に取り組む動機が生まれ、自分のスキルにあった難易度のチャレンジにうまくできれば、そのプロセスの中で没頭して、結果的に幸福感を感じられるのです。

つまり、デザインスクールで教わる「不確実な中で、解決策を作っていく」「手を動かして考える」という「創り出す技術」は、日々実践することでフロー状態に入りやすくなり、結果的に幸福感や充足感を持って生きることができる、そういう実感に科学的な説明がつくということがわかりました。そして、その前提としては、「客観的に大事だとされることをやる」客観的な世界ではなく、「自分がモチベーションを持てるものをやるという好き嫌いを大事にする」主観を基軸にするということが、パフォーマンスも上がるし、結果としてプロセス全体で幸せを感じられるということです。

さらに、踏み込んだ科学の知見も発表されています。日立製作所中央研究所の矢野和男氏の『データの見えざる手』（草思社、２０１４）によると、ウェアラブルセンサーを活用して実験をすると、身体がよく動く職場環境では人は幸せを感じやすく、幸せを感じている人は、生産性は37％、創造力は３００％アップするという実験結果が出ているそうです。

全身で考え、手を使って作り続けるデザイン思考を実践することは、仕事をうまく進め、パフォーマンスを生むだけではなく、より幸せに生きることができるということについて、このように科学的な説明もされ始めています。

今後、人の行動の解析がさらに進んでいけば、この本で書いてきたようなクリエーターが経験的に伝えてきたノウハウは、創造的なパフォーマンスを発揮するための常識になっていくと思っています。

この本で書いてきたような「創りだす技術」は、商品開発やサービス開発のための1つの方法論として導入する、というものには留まらないと思っています。むしろ、先が見えない混沌とした時代を楽しく、幸せに生きるためのライフスキルとして形を変え、これからのビジネスマンの仕事の一部に溶け込んでいくものと考えています。

今のビジネスシーンは、左脳が支配する事実と論理の世界全盛です。それは、理にかなったことだと思いますし、それを否定するものではありませんが、それが100%になるのはバランスが悪いと思わざるを得ません。

左脳全盛の社会の中でも、生活や仕事の一部にでも右脳の「創りだす」力を活かせる環境をつくっていくことや子どもたちの創造力を阻害することなく育んでいくことが、私が人生をかけてチャレンジしていきたいライフ・ビジョンです。

対 談

ビジネスがクリエイティブになるために、デザインすべき領域は？

対談相手

山口周
独立研究家・著作者・パブリックスピーカー

慶應義塾大学文学部哲学科卒業、同大学院文学研究科美学美術史学専攻修士課程修了。電通、ブーズ・アレン・ハミルトン、ボストン・コンサルティング・グループ、A.T. カーニーで戦略策定、文化政策、組織開発などに従事した後、独立。コーンフェリーのシニアパートナー、一橋大学経営管理研究科非常勤講師などを歴任。ビジネス書大賞 2018 準大賞、HR アワード 2018 最優秀賞（書籍部門）を受賞した『世界のエリートはなぜ「美意識」を鍛えるのか?』など著書多数。

日本企業のモノづくりにおける問題点とデザイン思考

佐宗：私は2012年から2013年にかけて、イリノイ工科大学のデザインスクールに留学したのですが、そのときの体験を『21世紀のビジネスにデザイン思考が必要な理由』というタイトルで書籍化しました。発売から5年が経ち、おかげさまで多くの方に読んでいただき、今回は文庫化にあたっての対談となります。その当時、ブログを読んでいただいていたともお伺いしていますが、山口さんは、この頃デザイン思考を、どういうふうに捉えていらっしゃいましたか。

山口：その時期はデザイン思考という言葉が市民権を得る前ですが、僕が思っていたのは、その領域についての日本の弱さです。機能や便利というのが時代遅れになっている状況になっているにもかかわらず、このまま「機能」という方向で勝負していても、日本の産業には行く末がないなという感覚でした。

というのは、2005年ごろに僕がコンサルタントとして携帯電話のプロジェクトに関わっていた際、開発されていた携帯電話を見ていて、「これやべえな」って思っていました。それは個別の問題ではなくて、ものを作るシステム全体として問題がありました。たとえば、auは深澤直人さんなどの著名デザイナーを起用したりしましたが、結局デザイナーに与えられている業務領域がすごく狭くて、システム全体を変える役割が与えられませんでした。

デザイナーの領域とか踊り場がものすごく狭く設定されていて、競争力のない状態に陥っていっているときに、デザイン思考という言葉が出てきました。「デザイナーが持っているノウハウを、思考プロセス全体に拡張しよう」ということを聞いたときには、やっと言葉が追いついたなという感じがして、僕自身はすごくポジティブに思いました。当時、スタンフォードがD-school（デザインスクール）を始めて、僕も行きたいと思っていたくらいです。

佐宗：僕がイリノイ工科大学デザインスクールに行く前後に在籍していたソニーでは、技術ロードマップという5〜10年の技術的な開発目標が明確に決められていて、そこに対して資源を投入して、その中の一部を商品化していくというシステムで動いていました。

ソニーが世界で商品開発をリードしていた1990年代ぐらいまでは、技術の目利きを持っていた人がマーケット感覚も持った上で、技術と市場が交わるぎりぎりのところを突くという勝負ができていたんです。ところが、2000年ぐらいになってから、技術ロードマップの資料という共通言語で議論をするようになり、技術の顧客目線での翻訳はされなくなってしまっていました。

2011年頃から、プロダクトのネットワーク化が進んで、統合UX事業部という新たな事業部が生まれました。今でいうDX（デジタルトランスフォーメーション）をやるための組織で、ウォークマンやテレビ、VAIOなど、商品ごとに縦割りになっていた組織を横断して、ユーザー目線から開発をしていくというプロジェクトがあって、そこでソニーのUXの共通ターゲットユーザーを設定するためにデザイン思考のプロジェクトを全社で実施しました。そのプロジェクト自体は、社内でも広がり、まずまずうまくいったのですが、個人的には、ユーザー理解だけで止まっていては本当の意味でイノベーションには関われないなという課題感も残りました。そこで、自分自身が作り手になることで、イノベーションの中枢に行きたいと思って、デザインスクールに行きました。その当時は、毎月のレポートは社内のイノベーションの実践者250人くらいに毎月送っていて、ブログもすごく時間をかけて書いていました。

デザインスクールのイノベーションノウハウは、絶対に日本には役に立つと思っていたからです。

山口：2007年に慶應義塾大学の奥出先生が『デザイン思考の道具箱』という本を刊行しており、これを読んだ時にはいいメソッドが来たなという感覚はありました。でも、その後、日本企業のものづくりは変わった印象はありますか。

佐宗：モノづくりをしているメーカーにおいては、大量に作って大量に売るということをビジネスモデルとして実践しています。ハードの製造による規模の経済というモデルでやっている限りは、効率化していくことで筋肉質で、かつ遊びのなくなったオペレーションシステムという強みが逆に、イノベーションの阻害要因になってしまう構図があります。

ソニーに入って思っていたのは、工程管理がガチガチなこと。投資するにも稟議書70枚ぐらいのパワポを作る必要があるというような、自由がない状態でした。そこに対して、ハードとソフトが融合して、ソフトウェアがユーザー価値になる割合が増えるネットワーク系の商品になればなるほど、だんだんアジャイルと呼ばれるような、まずは手を動かしてカタチにしてようというマインドが広がってきやすいですね。

山口さんは、2010年代に色々なタイプの企業を、特に人事の視点から見ていらっしゃることが多かったと思うんですけど、2010年はビジネス界にどのような変化が起こっていたと捉えてらっしゃいますか。

リーダーシップとデザイン思考の関係

山口：僕はちょうど2010年に戦略コンサルの足を洗ったんです。当時、古典的なプロダクト開発とか、戦略づくりの限界を強く感じていました。戦略コンサルの領域にはまだデザイン思考のような考え方は入っていなくて、市場調査やフォーカスグループインタビューが主流でしたね。

ただ、そうした提案は、競合他社のコンサルと代わり映えのないものになることが多く、あとはもう実行力で勝負みたいな世界でした。そこには、絵を描くことのような知的な醍醐味といったものは厳しいと思い、戦略コンサルから足を洗いました。

そこから、コーン・フェリーという人事・組織系コンサルに移りましたが、そこで学んだことで印象的だったのが、組織の動かし方には決まったパターンがあるということです。たとえば、Directive タイプと呼ばれる細かく指示するやり方や、Empowerment タイプと呼ばれるみんなの話を聞かせてというやり方など、大まかに6類型あるんです。この6つの組織の動かし方は、文脈によって良い悪いがあるんですけれど、「ビジョナリータイプ」という絵をみんなに示すタイプのリーダー像は、どのような時でも組織にポジティブな影響が出るのということがわかっています。

手法論としてのデザイン思考が体系化されたのは2000年代に入ってからですが、組織論の世界では50年間ぐらいのデータで、「早い段階で絵を示して、そこに向けて、とにかく前に動かしていく」ということの有効性が出ているのです。時代によって業績の良い商品や企業は変わるんですけども、業績の良い組織の風土とか、リーダーシップのタイプはそんなに変わらないのです。

これをデザイン思考といってよいのか分かりませんが、少なくとも、どういうものを世の中に生み出したいのか、何を解決したいのかというのが、最初の時点でクリアになっているリーダーは、パフォーマンスやモチベーションが高く、離職率や鬱病の発症率も低いということが分かっています。

佐宗：それは非常に興味深いですね。P&Gにいたときに、新規系の商品で成功したリーダーは、だいたいが、直感的に筋の良さを判断するセンスと、それを理詰で導き出したかのように説明するロジック力を両方兼ね備えているニュータイプの人でした。僕は、柔軟剤レノアや消臭剤ファブリーズを担当していて、市場創造型の商品を担当することが多かったのですが、当時の上司に「おまえはオールドタイプだから、安定して年8～10％伸ばすいいマネジャーになりなさい」というようなことを言われていました。

それに対して150％とか伸ばせる人は、直感みたいなものが降りてきて、それを絵に示せる人だという話をされていて、その方法論を模索していました。そうしたなかで『ハイ・コンセプト』（ダニエル・ピンク著）という本を読んで、「デザイン、意義、遊び、統合、共感、ストーリー」という6つの要件が提唱されていて、これはいいなと思ったんです。

山口：あれはMECEじゃないですよね。

佐宗：そうですね（笑）。でも、個人的には、次の時代に必要だと思う、キーワードや学び方のヒントを得たネタ本で、これは面白そうだなと思ったものは参考文献や、紹介されているプログラムも含めて片っ端からやってみました。その中で、僕が思ったのは、直感で好きなことをやっているいわゆるイメージ脳の世界と、きちんと言葉で説明できる論理脳の世界をどのようにバランスさせるかという話ではないかと。デザイン思考は、いわゆる右脳の世界を、左脳の言語できちんと翻訳してくれるメソッドだなと感じました。

一部のスターがいても、日本企業の場合はあまりにも大きなシステムが回っているので、結局、出る杭が潰されて終わってしまうことが多いので、こういったノウハウを広めたいと考えていました。当時、デザイン思考は新規事業の立案やデザイン部門でしか使われていなかったので、ある程度多くの人ができるようになればいいなと思って『21世紀のビジネスにデザイン思考が必要な理由』を執筆したんです。

山口：組織論の話に関していうと、喜怒哀楽を仕事に持ち込んでいる人のほうがモチベーションも高いし、ビジョンもクリアなのです。

ラピッドプロトタイピングというけど、あれはラピッドになるのは何かというと、要は早く試したいからでしょう。喜怒哀楽に根ざした問題解決をしようとしていると、とりあえず、これでうまくいくかどうか一度作ってみたくなるじゃないですか。エジソンもそうですが、喜怒哀楽に突き動かされている人は原理を思いついちゃうと、とにかく1回作ってみる。実際、蓄音機は原理を用いたから48時間後にできているんです。

先ほどのビジョンの話にも関わるんですけれども、喜怒哀楽に突き動かされている人は絵が見えちゃうから、結局、そういうものを持っている人のほうがパフォーマンスが高いということ自体は40年前から分かっていたわけです。これはルーサー・キングなどもそうなんです。

日本では「リーダーの率先垂範」とよく言われますが、実は率先しかしていないリーダーは業績上のパフォーマンスが最悪なんです。率先ばかりやっているリーダーは、業績との相関もそうだし、エンゲージメントもすごく低くなるし、あと、離職率も高くなってしまうんです。どこに向かっているのか、何をしたいのか示さずに、率先だけやって回そうとするリーダーは、日本にすごく多いんです。統計的にいうと、3割から4割はそうなんです。欧米では、こういったリーダーは組織に悪影響をもたらすから、いないほうがマシと言われています。

話を元に戻すと、やはり絵を描くとか、妄想を描くということが、リーダーシップ上、組織のモーメンタムを作ったり熱量を上げたりする上で一番重要です。システム思考のように、様々なメソッドが時代ごとにあるわけですけれども、本源的には同じところに立ち返っていっている感じがします。

デザイン思考とマーケティングの違い

佐宗：私がソニー時代に気づいたのは、理想の状態やデザインを見せるというのは、ウォンツが見えたときに現状とのギャップに気づき、ウォンツが創造されるということです。ソニーでは「ユーザーに答えは聞くな」とずっと言われていますが、最終的には見たことがないものから、自分がやりたかったことに気づくのです。そのためのフォーマットとして、デザインとか、商品化というのがあったのだと思います。その意味で、プロトタイピングというのも、最初の手段なのではないかと。

自分が感じたものをもとに作るというのが大事で、感じるプロセスのためにユーザー理解があったのに、それが資料化された瞬間に、作るものから熱感がなくなったり、魂がなくなったりするのです。顧客起点のマーケティングや商品開発というのでは、エッセンスを捉えられていなくて、感じて作るという部分を一番残さないといけないのだと思います。

山口：僕は「問題の希少化」ということをよく言っているんですけども、昔であれば真冬とかに外の洗い場に行って洗濯をしなくてはいけないとか、風呂を炊くときに外に出ていって釜に薪をくべるとか、今から考えれば大変なことがたくさんありました。でも、それをみんな当たり前にやっていたわけで、その時代に「何か嫌なことや困っていることはありませんか」と聞けば、いくらでも出てきたと思うのです。

最近は、そういった大変な仕事がどんどん解決されて、問題が希少化していく中で、いらぬ混乱を作り出しているのがマーケティングなわけですよね。僕が電通にいたときにマーケティングに違和感を覚えたのですが、「あなたの持っているものは古くないですか」「こんなに新しい機能がついて楽をしている人がたくさんいるのに、まだそんなことをやっているんですか」というようなことを言って不安をあおり、問題を人工的に作っているわけです。

人工的に問題を作るのではなくて、「あくまで顧客が抱えている問題から、その問題が解消された世界を描く」というデザイン思考のコンセプトには揺り戻しを感じました。事業者側が人工的に問題を作るというのがマーケティングの考え方なわけですけど、デザイン思考は、世の中で既にある問題点を立脚点にして考えていく点に違いがあると思います。

僕はあこぎなマーケティングに対するある種のアンチテーゼとして、デザイン思考のようなものが注目された背景なのではという気がしています。

DXとデザイン思考

佐宗：話が変わりますが、ここ数年でデジタルトランスフォーメーション、いわゆるDXがより広がっていく中で、デザイン思考の研修を実施したいという問い合わせが増えています。しかし、その中には「何のためにやるんだろうな」と思うことがあるんです。

ビジネス環境がデジタルインフラになっていき、デジタル上での知識創造がその仕事の中心になっていくということです。デジタル上ではアナログと比べても、カタチにしていくためのツールが揃い、ハードルが低くなりますので、自分のやっていることを考えてとりあえず形にする場のOSとしてのデザイン思考というのが大事だと思っています。というのは、何かを形にしていれば、それだけインスピレーションも湧いてくるし、組織も活性化します。そして、より作りたくなるという良い循環が生まれると思うんです。

特に、コロナ禍で、リモートワークで、デジタルと向き合う時間が増える時代だからこそ、資料をいっぱい作って、それで合意形成するような今までの習慣は効率が悪くなると思います。その意味では、プロトタイピングのように作って楽しむ、考えるという部分をもっと広げていく必要があると思いますし、身体性や直感とかを活かしながら、デジタル化による効率化を進めることが必要なんじゃないかと思っています。

こうしたDXみたいなものが叫ばれる中で、デザインとかクリエイティビティは、ビジネス現場においてどのようになっていくと思いますか。

山口：今日の対談もZoomという仮想空間上でやっているわけですが、この仕組み自体はおそらく近いうちに変わってしまうと思うんです。というのは、今まではリアルで会うのが前提だったので、リアルの空間を写すカメラでつないでいるわけで、今後は2つ方向があるかなと思っています。

1つは、実際にリアルな場で会うことができないので、リアルの劣化版として実際のカメラで撮った画像でお互いにコミュニケーションを取るというものです。ただ、劣化版ゆえに情報量が下がってしまうので、本当にこの形に落ち着くのかないのではという気がしています。

それはどういう形なのか分からないですけれども、仮想空間で会うときに同じ人間である必要はないと思うんです。たとえば、私が矢沢永吉のように革ジャンにハーレーのようなアイデンティティにしたりとか。デジタルは全部情報化するので、フィジカルなくびきから解き放たれるわけです。そうすると、仮想空間シフトが起こるわけで、そこにクリエイティビティが絡むようになると思います。かなりの割合でデジタル空間で仕事をするようになると、普通に、デジタル空間の自分をよく見せるためのインベストメントは起きると思うんです。

あと、デザイン思考的な話でいうと、仮想空間の中で会議すること自体、どういう形が人間にとって情報のやり取りが一番スムーズかよく分からないじゃないですか。今はそのままカメラに写しているだけだから、ただリアルを劣化させたコピー情報でしかないですが、本来は仮想空間だからこそできるリッチな情報のやり取りがあると思うんです。もっといいアイデアや知的アウトプットを出すことを目的とした場合に、別のやり方もあるのではと。

今のＤＸはまだつまらない段階だなと思うのは、リアルの世界でできたことはいかにスムーズにデジタルでもできるかというものの方向の問題意識でものが動いているからです。デジタルになることで、むしろフィジカルでは全然できなかった、考えられなかったような知的生産へのブースターみたいな機能を果たすものはないのかなという気はしています。

結びにかえて――ＤＸ時代に活躍する人材像

佐宗：そういう時代になったとき、山口さんは、個人の付加価値の作り方は、どういうふうになっていくと思いますか。

山口：どう作ればいいかはなかなか難しいですけれども、本人が夢中になれることを見つけて取り組む以外にはないと思います。

リモートワークシフトが起こったときに、僕が日本にとってすごく大きな課題だと思っているのは、仕事を面白いと思っている人がこの国はあまりいないという点です。仕事を面白いと思ってないのに、なぜ、一応経済がきちんと回っているかというと、みんな真面目なので朝きちんと会社に行って、同僚とか上司がいると一応仕事をやるわけです。でも、これが会社に行かなくなって、上司も同僚も周りにいないとなると、ある種、ディシプリンのたがが外れる人が出てきてしまうのではないかという気がするんです。

そういう意味で、仕事を面白いと思っていない人に対して、それなりにディシプリンを持ってやらせるための仕掛けとして通勤があったのかもしれません。もともと仕事を面白いと思っていて、会社に行こうが行くまいが、真面目にやる人にとっては、通勤時間は単なる時間の無駄でしかなかったわけです。楽しいと思ってやっている人と、楽しいと思ってやっていない人の間では、生産性の二極化が起こってしまうと思うのです。

佐宗：本当に面白くて突き詰めてやっている人ほど突出する。そうなると、まず、自分が好きじゃないことをやっていると、個人のキャリアではパフォーマンスがものすごく悪くなってしまいます。

その意味では、それを仕事にしていく、作っていくような生き方をすることが必要になるのかなとも思っています。デザイン思考の中でも、好きなことを形にしてみたいという、それをやってみるスキルがあって、やってみたら楽しくてどんどん進んでいく人と、そうではない人の差はすごく出てきちゃうだろうなと私も思います。

山口：佐宗さんの言う「夢中になれることをずっと積み重ねて、その人ならではのものを持っている人」とそうでない人では、たしかに差が出そうですね。

というのは、仕事に地理的な制約がなくなり、労働市場もカントリーマーケットになっていくからです。たとえば、福岡の会社がデザイナーを採用しようと思うと、今まではフィジカルに会うのが前提なので、まず福岡のデザイナーを頼むわけです。わざわざ東京の人だと向こう側だって嫌がるし、コスト面でも折り合いがつかない。だから、結局そのローカルマーケットごとに切れるわけです。東京は東京というローカルマーケットだし、福岡で何かをやろうと思ったら福岡にいるデザイナーを頼むわけです。

ところが、基本的にフィジカルでは会わないという前提で世の中が動くようになると、福岡の会社だろうが、金沢の会社だろうが、全国からデザイナーを募集し、みんなとコンペして取り合うわけです。福岡に住んでいる人にとって、東京にいるデザイナーとの最大の違いは、福岡に住んでいること自体が差別化だったわけですが、それがなくなってしまうんです。

地域というものがスペック要件から抜け落ちた世界になると、本当に、その人のユニークネスとか、その人の持っている持ち味みたいなものが、もうずばり問われる世の中になるからです。

佐宗：なるほど、たしかにそうですね。今回、夢中になってゼロから作っていくという部分を、いかにドライブをかけるかという視点で、何ができるのかということを話せたので、非常に興味深かったです。本日はありがとうございました。

山口：こちらこそ、ありがとうございました。

おわりに

この本は、2015年に『21世紀のビジネスにデザイン思考が必要な理由』というタイトルで、発売された本を文庫化したものです。この本を上梓した当時は、僕が前職SONYに在籍し、Sony Seed Acceleration Program の立ち上げに携わり、大企業発のイノベーションを生み出す営みが広がり始めた頃でした。5年経ち、その間にこの本は、英語版、韓国語版、中国語簡体字版（中国本土）、中国語繁体字版（台湾）でも発売されました。世界的にも、創造的な問題解決の方法論をビジネスマンが実践するニーズが高まってきた時期とも重なっていました。

文庫化されるということは、それだけ世の中に広がってきたということでもあり、五年の道のりを考えると感慨深いものがあります。

発売当初は、デザイン思考は、まだまだ世の中に知られてなかった時期でした。その後、大企業のイノベーションの必要性に応じて、創造的な問題解決の方法論、創造的な文化づくりとして必要になってきました。

２０１５年にＢＩＯＴＯＰＥを設立して以来、デザイン思考を様々な業種、テーマで実践する中で、前例のないプロジェクト＝イノベーションを生み出すためには、創造的問題解決という武器を活用するだけではなく、絶対的にやりたい妄想から始まるビジョンを持った個人が必要だということに気づきました。

それは、僕がデザインスクールで学び、デザインの現場で仕事をする上で、「作り手」は、どんな場面でも、世の中に必要とされているものをそのまま受け入れるのではなく、「自分のやりたいこと」に必ず翻訳してその実現のために創造する。自分のやりたいことを実現するために、自分の内発的な動機をエネルギーに変え、アイデアのぶつかり合いの中で、熱を生み出し、伝播させていく。その作り手として必要なのは、自分の内発的なビジョンにアクセスし、それを描き、そして世の中に問いかけていく力です。ビジョンをデザインするというビジョナリーな人だけだと思われていた営みを、妄想―知覚―組替―表現というプロセスで方法論化したのが、２０１９年３月に出版した『直感と論理をつなぐ思考法―VISION DRIVEN』であり、ビジョン起点に既存の組織の中でイノベーションを実装していくためのノウハウをまとめたのが

2019年12月に出版した『ひとりの妄想で未来は変わる―VISION DRIVEN INNOVATION』です。

ビジョンの構想、デザイン思考による創造的問題解決、イノベーションの組織内実装という3冊は、いわば、個人の創造性を解放し、実装していくための3部作といえます。

そして、コロナ禍の中、リモートワークが進む中でより働き方も変わってきています。

デジタルトランスフォーメーションの広がりとともに、ビジネスの現場でユーザー体験を構想し、形にし、実装するスピードを上げていくことが求められるようになってきました。そして、創造の現場でも、個人が自分一人でしっかりと自分のアイデアを考える独創と、それを持ち寄って統合、実装していく共創の使い分けがより求められるようになっています。

創造の方法論も、今まで以上に一人で独習でき、そして、チームで共創できることが必要になっています。ポストイット等を使ったリアルなワークショップは、要所でブレークスルーを生んでいくタイミングでは非常に重要ですが、リモートでオンラインでつなぐ上ではオンラインホワイトボードの miro や mural 等を活用したオンラインワークショップと併用することも増えてきました。え？　オンラインでワークショップできるの？　と疑問に持つ方もいらっしゃるかもしれません。しかし、リモートの場合は、個人で一人で考えてくる独創という準備のプロセスをしっかり取り、オンラインホワイトボードに共有すると、全員の考えや切り口が見える化されるというメリットもあります。例えば、オンラインの動画を事前に共有し。宿題を出したものを持ち寄ってオンラインワークショップをやっていく。最終的に手を動かして統合する部分だけリアルの集中開発ワークショップを開催するなど、これから、リモートワークも進む中で、リアルとオンラインをハイブリッドで利用したデザイン思考の実践の方法論も開発されていくでしょう。

本書は、私自身が初めてデザイン思考を学んだ時の体験を少しでも追体験できるように設計してあります。この時代の最初の独習用の入門書としてぜひ活用してもらえたら嬉しいです。また、さらに学びたい方向けには、オンライン学習プラットフォーム Udemy にて、動画で学べるコースを用意しました。「組織でイノベーションを生み出す！『デザイン思考』実践講座」をぜひ参照してください。

最後に、ポストコロナの社会を見据え、創造的問題解決の共通言語としての本書が使えるであろう新たな応用分野についての私案を書いておきます。

1　オンラインで完結する体験デザインや、ＤＸを実装する創造的なチーム・組織文化作り
2　再生型・循環型社会のライフスタイルの社会実験や社会実装
3　参加可能な地域・コミュニティデザインの参加を促す仕組み
4　テクノロジー主導型の技術を、倫理や人間味を加えた体験ビジョンへの翻訳
5　創造的な教育体験デザイン

もし上記のようなテーマでの、新たなデザインの方法論の応用にピンとくる人がいたら、是非とも info@biotope.co.jp まで、連絡をいただけたら嬉しいです。常に、未来は、新たな絵を見た人との共創から生まれるのだと思っています。

最後に、この本の単行本を出版して以来、5年間本当に様々な分野で創造の場を広げ、多くの未来を一緒に構想してきたＢＩＯＴＯＰＥのメンバー及び、すべてのパートナーとしてのクライアントチームに心から感謝の気持ちを捧げたいと思います。心から、ありがとう。

２０２０年９月　コロナ禍の先の世界を見据えて

佐宗　邦威

本書は、2015年8月にクロスメディア・パブリッシングから発行した『21世紀のビジネスにデザイン思考が必要な理由』を文庫化にあたって大幅に加筆修正したものです。

日経ビジネス人文庫

世界《せかい》のトップデザインスクールが教《おし》える
デザイン思考《しこう》の授業《じゅぎょう》

2020年12月1日　第1刷発行
2023年10月2日　第7刷

著者
佐宗邦威
さそう・くにたけ

発行者
國分正哉

発行
株式会社日経BP
日本経済新聞出版

発売
株式会社日経BPマーケティング
〒105-8308 東京都港区虎ノ門4-3-12

ブックデザイン
鈴木成一デザイン室

本文DTP
マーリンクレイン

印刷・製本
中央精版印刷

Printed in Japan　ISBN978-4-532-19994-4